Ein MaYa-Buch

Norbert Fiks

Raketenkraft und Roboterträume

Beiträge zur Geschichte und Gegenwart der Science-Fiction

Bibliografische Information der Deutschen Nationalbibliothek:
Die Deutsche Nationalbibliothek verzeichnet diese Publikation
in der Deutschen Nationalbibliografie; detaillierte bibliografische Daten sind im Internet über www.dnb.de abrufbar.

Ein MaYa-Buch

Herstellung und Verlag
BoD – Books on Demand, Norderstedt
Korrektorat: Karin Lüppen
Umschlaggestaltung: Norbert Fiks

ISBN: 9783758308352

Inhalt

Vorwort   7
Ein Star am Pulphimmel   9
Willy Ley   23
Ein Pionier der Prä-Astronautik   35
The Fantastical Traveller   51
Ein Phantast, dieser Schmidt   57
Ein Gründerzeit-Ausflug zum Mond   77
Vom Bodensee direkt zum Mond   87
Auf der schwarzen Liste der Nazis   103
Der Schein trügt   113
Fragwürdiges Verhältnis zur Gewalt   125
Im Schutz von Supronyl   131
Das aufgeräumte Sonnensystem   139
Ein Wort macht Karriere   149
Frühstart für das SF-Taschenbuch   157
Wie wir »zu den Sternen« kamen   161
Die grosse Leere ab der Jahrtausendwende   165
Ein grammatikalisches Schlamassel   169
Mit Arthur C. Clarke auf dem Holzweg   173
Publikationsgeschichte   178

Vorwort

In den vergangenen Jahren habe ich für verschiedene Zeitschriften, Magazine, Fanzines und Con-Bücher zahlreiche Texte zur Geschichte und Gegenwart der Science-Fiction geschrieben. Vieles davon bezog sich auf einen aktuellen Anlass oder eine konkrete Vorgabe und ist ohne diesen Zusammenhang unverständlich oder längst überholt. Manches ist aber zeitlos, und wenn es bei der Veröffentlichung interessant war (was ich hoffe), ist es wohl weiterhin und über den ursprünglichen, mitunter kleinen Leserkreis hinaus von Interesse. Artikel in Zeitschriften etc. geraten schnell in Vergessenheit und entgehen oft selbst den aufmerksamsten Zeitgenossen. Mir selbst ist es schon passiert, dass ich nicht mehr wusste, wo und wann einer meiner Text veröffentlicht wurde, als ich etwas nachsehen wollte (als Verfasser kann ich zum Glück ins Manuskript schauen). Um Abhilfe zu schaffen, gibt es diesen Sammelband.

Die darin enthaltenen Texte sind, wenn es für das Verständnis nötig erschien, leicht überarbeitet und ergänzt worden, übersehene Fehler wurden stillschweigend korrigiert. Größere Eingriffe wurden nicht vorgenommen. Im Unterschied zu den Originalveröffentlichungen fehlen aus urheberrechtlichen Gründen etliche Abbildungen. Die Texte sind inhaltlich gruppiert, nicht nach dem Veröffentlichungsdatum sortiert. Die bibliografischen Angaben stehen im Anhang.

Die fantastischen Welten der Science-Fiction ist voller Geschichten, erfundenen und wahren. Lernt unter andrem einen großartigen Künstler der Pulp-Frühzeit kennen, erfahrt, welcher deutsche SF-Autor lange vor Erich von Däniken ein Anhänger der Prä-Astronautik war oder wie aufgeräumt das Sonnensystem in der PERRY RHODAN-Serie ist.

Leer, im Januar 2024

 8

Ein Star am Pulphimmel

Der gebürtige Westpreuße Hans Waldemar Wessolowski gehörte in den frühen 1930er Jahren zur ersten Garde und zu den beliebtesten Künstlern der Science-Fiction-Pulpmagazine in den USA. Von Januar 1930 bis März 1933 war er erster Chefillustrator der Astounding Stories of Super-Science und malte in dieser Zeit alle Titelbilder für das Magazin, das unter dem Titel Analog bis heute besteht. In Deutschland ist er weitgehend unbekannt.

Über Wessolowski, vor allem über seine frühen Jahre, gibt es in der Literatur und im Internet verstreut biografische Daten, die zum Teil widersprüchlich sind und für die es oft keine eindeutigen oder überprüfbaren Quellen gibt. Selbst für sein Geburts- und sein Todesjahr sind unterschiedliche Daten überliefert. Ein Teil der Angaben geht auf ihn selbst zurück. Verlässlicher sind dagegen Daten aus offiziellen und offiziösen Quellen wie den alle zehn Jahre durchgeführten US-Volkszählungen und Adressbüchern.

Johannes Waldemar Wesolowski [sic!] wurde am 19. August 1894 als Sohn des Stellmachers Simon Wesolowski und dessen Frau Bertha in Graudenz in Westpreußen, 100 Kilometer südlich von Danzig, geboren. 1920 kam die

Stadt an der Weichsel aufgrund des Versailler Vertrags zu Polen und wurde in Grudziądz umbenannt. Deshalb wurde Wessolowski gelegentlich als Pole bezeichnet, er selbst gab als Herkunftsland immer »Germany« an. Er soll einen Bruder und zwei Schwestern gehabt haben. Bei einem Unfall als Kind verlor er das linke Auge, weshalb er ein Glasauge hatte, was in seinen Registrierungsunterlagen für den Militärdienst von 1917 vermerkt ist. Das Formular hielt zudem fest, dass Wessolowski groß war, blaue Augen und braunes Haar hatte.

Ab 1910 studierte Wessolowski angeblich an der Königlichen Akademie der Künste in Berlin. Gemeint sein wird die Hochschule für die bildenden Künste in Berlin, die seit 1875 Maler und Bildhauer ausbildete und eine Abteilung der Akademie war. Wessolowski war da erst 16 oder 17 Jahre alt. Einen Teil seines Studiums soll er durch den Verkauf von Zeichnungen an die legendäre Satirezeitschrift SIMPLICISSIMUS finanziert haben. Es gibt darauf im SIMPLICISSIMUS-Archiv, das alle Schreiber und Zeichner aufführt, allerdings keinen Hinweis. Es erscheint auch reichlich unwahrscheinlich, dass dieses gesellschaftskritische, antiwilhelminisch eingestellte, in München erscheinende Blatt, für das einige der bedeutendsten Karikaturisten und Zeichner der Zeit tätig waren, Zeichnungen eines völlig unbekannten und unerfahrenen Kunststudenten von einer erzkonservativen Kunstschule in Berlin annehmen würde. Eher kommen die illustrierten Berliner Satirezeitschriften ULK, FLIEGENDE BLÄTTER oder KLADDERADATSCH infrage; dort hätte Wessolowski persönlich vorsprechen können. In einem Interview, das Julius Schwartz und Mort Weisinger Anfang 1933 für das Fanzine SCIENCE FICTION DIGEST mit Wessolowski führten, heißt es, dass er für das Studium ein Stipendium bekommen hatte und seine Ausgaben durch »cartoon work« deckte.

Bevor er in die USA einwanderte, fuhr Wessolowski nach eigenen Angaben zwei Jahre lang zur See, wobei er zwei-

 10

mal die Erde umrundet haben will. Ausweislich seiner Einbürgerungsunterlagen von 1944 kam er am 6. Mai 1914 – vermutlich als Besatzungsmitglied – mit der *Fürst Bismarck* in New Orleans an. Als letzten Wohnsitz in Deutschland gab er Hamburg an.

Erwähnenswert ist in diesem Zusammenhang die Anekdote, die Gail Thompson, eine Großnichte seiner späteren Frau Minnie, 2002 zum Besten gab. Danach kam Hans Wessolowski erst einen Monat später, im Juni 1914, in die USA. Er war angeblich in New Orleans vom Schiff ins Wasser gesprungen und an Land geschwommen. Tatsächlich hatte die *Fürst Bismarck*, ein Passagierschiff der Hamburg-Amerikanischen Packetfahrt-Actien-Gesellschaft (Hapag), am 7. Juni 1914 New Orleans ohne Passagiere außerplanmäßig angelaufen und drei Tage lang Ladung aufgenommen. Damals war gemutmaßt worden, dass das Schiff Waffen und Munition für das Huertas-Regime in Mexiko transportierte und das Deutsche Reich damit ein Embargo durch die USA umging.

Wessolowski ging nach Missouri. Als Beruf gab er dort bereits 1916 »artist« an. 1917, als die USA in den Ersten Weltkrieg eintraten, wurde er in Kansas City für den Militärdienst registriert, aber nicht eingezogen. Am 18. Mai 1918 heiratete er die gut vier Jahre ältere Minnie Isabella Ross, die aus der Ortschaft Milo 150 Kilometer südlich von Kansas City stammte. Noch 1925 war das Paar in Kansas City gemeldet. Vor der Volkszählung 1930 zogen die Wessolowskis nach New York um. Zwischen 1935 und 1940 verließ das Paar die Stadt wieder und ließ sich in Fairport, Connecticut, nieder. Nur wenige Monate vor seinem Tod kaufte Hans Wessolowski ein Anwesen im benachbarten Westport, in dem seine Witwe bis 1950 wohnte.

In Kansas City war Wessolowski als »commercial artist«, als Werbegrafiker, gemeldet und für die Union Bank Note Company, die Burger-Braid Engraving Company und die

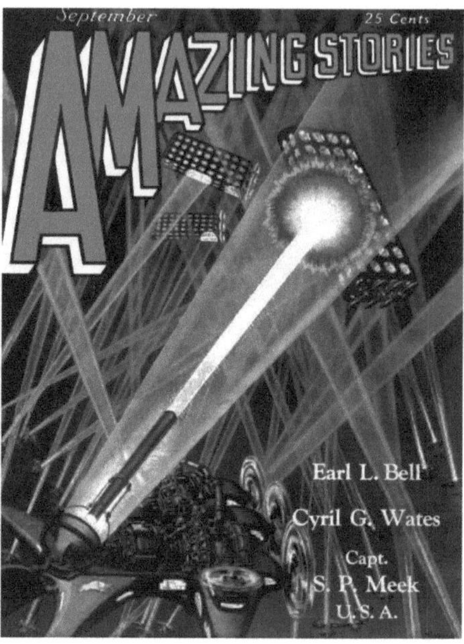

Mit der Ausgabe vom Oktober 1928 der AIR ADVENTURES (links) beginnt Wessolowskis Karriere als Pulp-Illustrator. Rechts sein erstes SF-Titelbild, für AMAZING STORIES vom September 1929.

Ferry Hanly Advertising Company tätig. Im Dezember 1927 trat er erstmals als freischaffender Zeichner in Erscheinung und illustrierte *The Apple-Tree Saga* von Manuel Komroff für MCCLURE'S MAGAZINE. Das 1893 gegründete Monatsmagazin aus New York gilt als Erfinder des Sensationsjournalismus. Vermutlich lebte Wessolowski da schon in New York. Es folgten Aufträge für CLUES DETECTIVE STORIES, AIR ADVENTURES, THE DANGER TRAIL, THREE STAR MAGAZINE und WIDE WORLD ADVENTURES und andere Pulp-Magazine, wie die auf billigem Papier gedruckten Hefte genannt wurden. Seine ersten Pulp-Titelbilder malte Wessolowski 1928 für die Oktober-Ausgaben von AIR ADVENTURES und DANGER TRAIL aus dem Verlag von William Clayton. Zu sehen sind auf beiden Titelbildern Männer mit einer Waffe in der ausge-

 12

streckten rechten Hand – ein Motiv, das Wessolowski so ähnlich immer wieder verwendet hat.

Dann wandte Wessolowski sich der Science-Fiction zu. 1926 hatte der Luxemburger Hugo Gernsback AMAZING STORIES, das erste Science-Fiction-Magazin, auf den Markt gebracht. Als dessen Titelbildkünstler und Innenillustrator setzte der gebürtige Österreicher Frank R. Paul Maßstäbe, die für Jahrzehnte das Erscheinungsbild der SF-Pulps bestimmten. Paul hatte praktisch keine Vorbilder, die farbigen Titelbilder waren einmalig. Die wesentlichen Stilelemente waren (wissenschaftlich-phantastischer) Realismus, einfacher Bildaufbau sowie starke Farbkontraste und typische Bildelemente wie Raumschiffe, Roboter, Laboratorien, Planeten und glubschäugige Monster. Das machte die Pulps an den Zeitungskiosken unverkennbar.

Paul blieb Gernsback treu, als dieser 1929 pleite ging, Amazing abgeben musste und mit SCIENCE WONDER STORIES ein neues Magazin auf den Markt brachte. Das machte den Weg bei AMAZING frei für andere Künstler wie Wessolowski. Das erste SF-Cover von Wessolowski und zwei Illustrationen zur Story *The Red Peril* von S. P. Meek erschienen in der Ausgabe vom September 1929. Sieben weitere Titelbilder und zahlreiche Innenillustrationen für AMAZING STORIES und den Ableger AMAZING STORIES QUARTERLY folgten bis August 1930.

In dieser Zeit muss Harry Bates, der erste Herausgeber von ASTOUNDING, auf Wessolowski aufmerksam geworden sein. Die Premierenausgabe dieses neuen SF-Magazins aus dem Clayton-Verlag mit einem Titelbild von *Wesso*, wie er seine Werke signierte, erschien im Januar 1930. Dargestellt ist ein Motiv aus *The Beetle Horde* von Victor Rousseau, einem fleißigen englischen Pulp-Autor, der sich in den USA niedergelassen hatte. Das Bild, »painted in water-color«, zeigt im Vordergrund einen Mann in einer Fliegermontur, der von einem riesigen Käfer angegriffen wird.

13

Links hinter ihm steht eine nur mit einem Negligé (aus Fell?) bekleidete blonde Frau, etwas abseits ist eine weitere Kampfszene dargestellt. Im Hintergrund ist ein in einer Dünenlandschaft abgestürztes Flugzeug zu erkennen. Hier hat ein stereotypisches, immer wieder aufs Neue variierte Pulp-Motiv Premiere: Starke Männer schützen hilflose und vor allem leicht bekleidete Frauen vor Ungeheuern, Aliens oder Robotern (selbst wenn die Szene so in der Story gar nicht vorkommt).

Wesso war außerdem für die Titelbilder der kurzlebigen STRANGE TALES OF MYSTERY AND TERROR zuständig. Dieses Fantasy- und Horrormagazin wurde ebenfalls von Bates herausgegeben.

Der Künstler hat offenbar gut verdient, denn er konnte sich in New York ein Penthouse »way up in the sky« mit Blick auf den Riverside Drive, damals wie heute eine der begehrtesten Adressen in der Stadt, leisten. Dank der Volkszählungsunterlagen von 1930 ist bekannt, dass die Monatsmiete für seine Wohnung in einem neunstöckigen Haus in der 55th Street West in Manhattan 135 Dollar betrug (ob es sich dabei um das Penthouse handelt, ist unklar). Für die Titelbilder zahlten die Pulp-Verlage ab 50 Dollar aufwärts, Top-Künstler bekamen 200 Dollar und mehr. Für Hugo Gernsback wollte Wesso nicht arbeiten, weil dieser nicht genug zahlte. Das Durchschnittseinkommen lag zu der Zeit in den USA bei knapp 1400 Dollar.

David H. Keller, der Wesso einmal besuchte, soll dadurch zu seiner Kurzgeschichte *The Pent-House* inspiriert worden sein, die im Februar 1932 in AMAZING STORIES erschien. Darin geht es um ein junges Paar und dessen Gönner, die sich fünf Jahre in einem Penthouse in New York einsperren, um das bevorstehende Ende der Menschheit zu überleben. Die Illustration zu dieser Story ist von Leo Morey, der mit Frank R. Paul, Howard V. Brown und Wesso zu den »Big Four« der frühen Pulp-Künstler gezählt wird.

 14

„Phalanxes of Atlans" von F. Van Wyck Mason wurde in Fortsetzungen in Astounding Stories veröffentlicht. Wessos Illustration dazu erschien im März 1931.

Wessolowskis Bilder kamen bei den Lesern an. Das schlug sich in begeisterten Zuschriften, die in der »Readers Corner« von Astounding abgedruckt wurden, nieder. »Wesso sure is a dandy artist. Try not to lose him«, schrieb etwa E. F. Hittleman aus New York in der Ausgabe vom März 1931. Normalerweise wurden in den abgedruckten Leserbriefen die Künstler und deren Werke nur gelegentlich gewürdigt und auch nie so ausführlich wie die Autoren und ihre Texte.

Die Kritiker bescheinigten Wesso eine gute Beherrschung des Bildaufbaus, Detailgenauigkeit und ausdrucksstarke Farbigkeit, manche nannten seinen Stil grell, aber das gilt im Grunde für jeden Pulp-Künstler. Er hatte ein gutes Händchen für besonders bizarre Monster und futuristische Architektur und war auch wegen seiner

15

1934 zeichnete Wesso das Titelbild für die Januar-Ausgabe des Magazins MOTOR im Art-déco-Stil.

actiongeladenen Motive beliebt. Was ihm offensichtlich nicht so lag, waren Menschen. Seine männlichen Figuren ähneln sich in Aussehen, Haltung und Gesichtsausdruck auffällig, weshalb man schon allein daran ein Wesso-Cover erkennen könnte. Häufig halten sie eine Waffe oder einen anderen Gegenstand in der rechten Hand und strecken sie nach vorne. Typisch dafür ist das Cover der ASTOUNDING-Ausgabe von Januar 1931, das im Übrigen auch das erste Pulp-Cover ist, auf dem ein Roboter zu sehen ist (Abbildung auf S. 154). Dass Wesso diesbezüglich keine Entwicklung durchgemacht hat, zeigt eines seiner letzten Cover für THRILLING WONDER STORIES im Juni 1941.

Als ASTOUNDING-Verleger William Clayton pleite ging und das Magazin im Frühjahr 1933 verkaufte, war auch Wesso davon betroffen. Zwar kam ASTOUNDING schon wenige Monate später zurück auf den Markt, allerdings mit dem neuen Chefillustrator Howard V. Brown. Drei Jahre lang veröffentlichte Wesso keine einzige SF-Illustration, und sein erstes Cover nach dieser Auszeit erschien erst im September 1937, wieder für ASTOUNDING. Er wird in dieser Phase aber die Hände nicht in den Schoss gelegt haben; von irgendetwas muss er seinen Lebensunterhalt bestritten haben. Davon zeugt ein Cover für das Magazin MOTOR Anfang 1934 im Art-déco-Stil, das überhaupt keine Ähnlichkeit mit Wessos Pulp-Titelbildern hat.

Bis 1942 folgten sechs weitere Cover für ASTOUNDING, drei für THRILLING WONDER STORIES und eines für die MARVEL SCIENCE STORIES. Das Titelbild für ASTONISHING STORIES im März 1942

Hans Waldemar Wessolowski um das Jahr 1930. Das Bild (Archiv David Saunders, New York) zeigt ihn vermutlich zusammen mit seiner Schwiegermutter Mary Ross, seiner Schwägerin Ida Young und deren Tochter Dorothy.

war sein letztes. Es zeigt typische Wesso-Elemente: Ein Drache hält eine Frau fest, ein Mann schießt mit einem Strahlengewehr auf das Ungeheuer.

In dieser Zeit war Wesso mit Dutzenden Illustrationen in verschiedenen Pulps nicht nur im Science-Fiction-Genre vertreten. Weil die Zahl der Magazine erheblich zugenommen hatte, bestand ein großer Bedarf an Zeichnern. Seine letzte Illustration, zu *Death Strikes a Discord* von A. Boyd Correll, erschien im Dezember 1943 in THE PHANTOM DETECTIVE.

Wesso ist auch außerhalb der Pulp-Welt tätig gewesen und hat als freischaffender Gebrauchsgrafiker gearbeitet. In einer Zwölf-Zeilen-Meldung über seinen Tod wies die NEW YORK TIMES auf seine langjährige Verbundenheit mit der

17

Grafikabteilung der NEW YORK DAILY NEWS, damals die auflagenstärkste Tageszeitung in den USA, hin.

Am Ende seiner Karriere ragte die Tätigkeit für das CAPTAIN FUTURE MAGAZINE, das 1940 auf den Markt kam und einen Superhelden in den Mittelpunkt stellte, heraus. In diesem Magazin erschien alle drei Monate ein abgeschlossener Roman über den Superhelden Curtis Newton alias Captain Future, fast ausschließlich von Edmond Hamilton geschrieben. Die ersten sechs wurden von Wesso illustriert (die Cover waren von Earle K. Bergey).

Captain Future ist es zu verdanken, dass Wessolowski-Illustrationen erstmals in Deutschland erschienen, mehr als 60 Jahre nach seinem Tod. Der Golkonda-Verlag in Berlin begann 2012 damit, Hamiltons Romane mit den Originalcovern und -innenillustrationen in Neuübersetzungen zu veröffentlichen.

Über Wessos Privatleben und seine persönlichen Interessen ist so gut wie nichts bekannt. Von Julius Schwartz und Mort Weisinger wurde er im SCIENCE FICTION DIGEST als bescheiden charakterisiert und »a swell guy« (ein prima Kerl) genannt. Er soll ein exzellenter Golfspieler und guter Bridgepartner gewesen sein. Auf einem 1939 in THRILLING WONDER STORIES veröffentlichten Foto von ihm ist ein Mann mit rundem Gesicht und hoher Stirn zu sehen. Auf einem weiteren Foto, das einige Jahre zuvor aufgenommen worden sein dürfte, sitzt Wesso im Anzug und mit Strohhut in der Hand zusammen mit zwei Frauen und einem Kind an einem See im Gras.

Wesso starb am 12. Mai 1948 nach kurzer Krankheit im Krankenhaus von Norwalk, einer Stadt zwischen seinem letzten Wohnort Westport und New York. Er wurde nur 53 Jahre alt. Der Tod des »well known commercial artist« und die Trauerfeier waren der Lokalzeitung THE NORWALK HOUR Meldungen wert. Begraben wurde er vermutlich in

 18

Westport. Minnie Ross starb im Oktober 1972 und wurde in ihrem Heimatort Milo bestattet.

Literatur

• Everett F. BLEILER: Science-fiction – the Gernsback years; a complete coverage of the genre magazines Amazing, Astounding, Wonder, and others from 1926 through 1936. Kent 1998.

• Steve DAVIDSON/Jean Marie STINE (ed.): The Best of Amazing Stories: The 1930 Anthology. o. O., 2018.

• Jane FRANK: Science Fiction and Fantasy Artists of the Twentieth Century: A Biographical Dictionary. Jefferson/London 2009.

• Anthony FREWIN: One Hundred Years of Science Fiction Illustration. London 1974.

• Peter HAINING: The Classic Era of American Pulp Magazines. Chicago 2001.

• Timothy F. MITCHELL: Science Fiction Illustration. In: The Missouri Review, vol. 7, no. 2. Columbia 1984.

• Adam ROBERTS: The History of Science Fiction. Basingstoke/New York, 2006.

• Alva RODGERS: A Requiem to Astounding. Chicago 1964.

• Julius SCHWARTZ/Mortimer WEISINGER: Hans Waldemar Wessolowski. Interviewed by Julius Schwartz and Mortimer Weisinger. In: Science Fiction Digest, April 1933 (kindly provided by David Ritter)

Online-Quellen, frei zugänglich

• GEBURTS-NEBEN-REGISTER des Königlich Preußischen Standes-Amts Graudenz, Kreis Graudenz, für das Jahr 1894: Archiwum Państwowe w Toruniu (Staatsarchiv Torun), 69/1140/0/2.1/1076 (138) (online; https://www.genealogia-warchiwach.pl/).

• Jon GUSTAFSON, Peter NICHOLLS and Gary WESTFAHL: "Wesso, H W" - The Encyclopedia of Science Fiction (online; http://www.sf-encyclopedia.com/entry/wesso_h_w).

• INTERNET SPECULATIVE FICTION DATABASE (online; http://www.isfdb.org/cgi-bin/ea.cgi?1212).

• Lonnie Pierson DUNBIER (ed.): Hans Waldemar Wesso - Artist Biography & Facts (online; https://www.askart.com/artist/artist/104900/artist.aspx).

• David SAUNDERS: H. W. Wesso – Field Guide To Wild American Pulp Artists, 2009 (online; http://www.pulpartists.com/Wesso.html).

• SECOND CHANCE GARAGE, LLC: Motor Illustrator: H. W. Wesso (online; http://www.secondchancegarage.com/motor-covers/MoTor-Cover-Artist-H-W-Wesso.cfm).

• Phil STEPHENSEN-PAYNE: WESSOLOWSKI, HANS W(aldemar) «WESSO"; (1894-

1948) - Galactic Central (online; http://www.philsp.com/homeville/SFI/c98.
htm#A6179; http://www.philsp.com/homeville/fmi/c/c552.htm#A21510).

• Doug Stewart: Guys and Molls: Smithsonian Magazine, August 2003 (online,
https://www.smithsonianmag.com/arts-culture/guys-and-molls-
86688117/).

• US-Botschaft in Deutschland: About the USA. Zahlen & Fakten: Einkommen
und Preise 1900-1999 (online; https://usa.usembassy.de/etexts/his/e_g_
prices1.htm).

• Wikipedia contributors: »Hans Waldemar Wessolowski«. In: Wikipedia, The Free
Encyclopedia, 2019 (online; https://en.wikipedia.org/wiki/Hans_Waldemar_
Wessolowski).

Online-Quellen, nicht frei zugänglich

Der Zugang zu folgenden Quellen erfordert kostenpflichtige bzw. Test-Abos
bei Genealogie-Portalen, Zeitungsarchiven u. ä.

• Adressbücher von Kansas City; Bridgeport, Fairfield, etc; Westport, Saugatuck,
etc.; verschiedene Jahrgänge (1916-1950)
Ancestry.com: USA-Städteverzeichnisse, 1822-1995. Provo, UT, USA: Ance-
stry.com Operations, Inc., 2011.

• US-Volkszählungen 1920, 1930, 1940
United States of America, Bureau of the Census / Ancestry.com. US-Volkszählungen. Provo, UT, USA: Ancestry.com Operations, Inc., 2012.

• Heiratsurkunde vom 18.5.1918
Ancestry.com. Missouri, USA, Landkreis Jackson, Heiratsregister, 1840-1985.
Provo, UT, USA: Ancestry.com Operations, Inc., 2015.

• Registration Card, Kansas City 5.6.1917
Ancestry.com. US-Einzugsregistrierungskarten 1. Weltkrieg, 1917–1918. Provo, UT, USA: Ancestry.com Operations Inc, 2005.

• Registration Card, Fairfield, Connecticut, 27.4.1942
National Archives Catalog, NAI 5136724 (online: https://catalog.archives.go-
v/id/5136724); Ancestry.com. US-amerikanische Einzugsregistrierungskar-
ten 2. Weltkrieg, 1942. Lehi, UT, USA: Ancestry.com Operations, Inc., 2010.

• Naturalisierungsantrag, 1942; Einbürgerungsbestätigung 1944
National Archives at Boston; Waltham, Massachusetts; Archivtitel: Naturali-
zation Record Books, 12/1893 - 9/1906; NAI-Nummer: 2838938; Titel des
Aufzeichnungssatzes: Records of District Courts of the United States, 1685-
2009; Nummer des Aufzeichnungssatzes: RG 21

• Meldungen über Tod und Trauerfeier von Hans Waldemar Wessolowski
The New York Times, 14. März 1948; The Norwalk Hour, 13.5.48, 15.5.48.

• Meldungen über Tod und Trauerfeier von Minnie Wessolowski
The Nevada Daily Mail, 3.10.72; 26.10.72.

• »Fürst Bismarck« in New Orleans, Liner Going For Huerta? Fuerst Bismarck

Reaches New Orleans – May Take On Arms Cargo. In: New York Times, 7.6.1914.

(alle zuletzt abgerufen am 10.1.2021)

 22

Willy Ley

Wenn es um die Frage geht, wann die Science-Fiction nach Deutschland kam, landet man unweigerlich in der Zeit nach dem Zweiten Weltkrieg, als junge Deutsche die Pulp-Magazine kennenlernten, die amerikanische Soldaten oder deren Kinder mitgebracht hatten. Deren offensichtliche Popularität veranlasste den Rastatter Verleger Erich Pabel, 1953 mit der von deutschen Autoren verfassten JIM PARKER-Serie in der Heftroman-Reihe UTOPIA auf den Markt zu gehen, die ab Heft 44 den Untertitel *Science Fiction Zukunftsromane* trug. Es folgte 1954 der UTOPIA GROSSBAND mit dem Untertitel *Science-Fiction in deutscher Sprache*, in der auf Anregung von Walter Ernsting alias Clark Darlton Übersetzungen angloamerikanischer SF erschienen. Aber es gibt eine davon unabhängige Vorgeschichte. Die Ehre, als derjenige genannt zu werden, der den Begriff Science-Fiction nach Deutschland brachte, gebührt Willy Ley. Es gibt sogar ein Datum. Es war am 16. Juli 1930.

Willy Ley ist vor allem als Chronist der Raketenforschung der ersten Stunde und Propagandist der Raumfahrt bekannt. Er wurde am 2. Oktober 1906 als Sohn eines Weinhändlers in Berlin geboren. Er arbeitete nach seiner Schulzeit bei einer Berliner Großbank und ab 1926 als freier Schriftsteller und Journalist, unter anderem für den VOR-

WÄRTS, die Tageszeitung der SPD. 1927 gehörte er zu den ersten Mitgliedern des neu gegründeten Vereins für Raumschiffahrt (VfR), dem auch die Raketen- und Raumfahrtpioniere Max Valier, Hermann Oberth und Wernher von Braun angehörten. Eine Zeitlang war er dessen stellvertretender Vorsitzender. In dieser Zeit war er an den ersten Raketenversuchen beteiligt und dank seiner umfangreichen Sprachkenntnisse für die Auslandskontakte des Vereins zuständig. 1935 wanderte er aus politischen und beruflichen Gründen in die USA aus. Dort tat er sich nach Kriegsende unter anderem mit von Braun zusammen, um Werbung für die Raumfahrt zu machen, und arbeitete als Sachbuchschriftsteller und Kolumnist. Ley starb am 24. Juni 1969, vier Wochen vor der ersten Mondlandung.

In Sachen Science-Fiction trat Willy Ley das erste Mal 1926 in Erscheinung, als im Leipziger Verlag Hachmeister & Thal seine Schrift *Die Fahrt ins Weltall* erschien. Verfasst hatte er sie als Reaktion auf Max Valiers 1924 veröffentlichtes Buch *Der Vorstoß in den Weltenraum*. Im Unterschied zu dem, was Valiers Buch im Untertitel versprach, hielt der junge Ley es keinesfalls für »gemeinverständlich«. Valier war neben Hermann Oberth in den 1920er Jahren in Deutschland der wichtigste Pionier der Raketenforschung. 1930 kam er durch die Explosion einer Ra-

ketendüse ums Leben und gilt deshalb als erstes Opfer der Raumfahrt, obwohl er nur am Raketeneinsatz für bodengebundene Fahrzeuge und Flugzeuge forschte.

In *Die Fahrt ins Weltall* befasst sich Ley mit dem Leben auf anderen Planeten, den lebensfeindlichen Bedingungen im Weltall, der Schwerelosigkeit und der Technik, die für die »Eroberung des Weltalls« geeignet ist. Unter der Überschrift »Phantasien, und was man daraus lernen kann« geht es auf etwas mehr als zwei Seiten um eine seit »mehr als 2000 Jahren [...] ununterbrochene Kette von Raumfahrtsromanen« (S. 12). Ley erweist sich als Kenner. In seiner Betrachtung über die darin verwendeten Antriebstechniken beginnt er beim griechischen Satiriker Lukian von Samosata, der im zweiten vorchristlichen Jahrhundert in *Die Luftreise* und *Wahre Geschichten* die ältesten bekannten Erzählungen über Reisen durch das All, außerirdische Lebensformen und interplanetarische Kriege verfasste, und kommt über Johannes Kepler (*Somnium oder Der Traum vom Mond*, 1609) und Jules Verne (*Von der Erde zum Mond*, 1865) zu für ihn zeitgenössischen Autoren wie Kurd Laßwitz (*Auf zwei Planeten*, 1897), Oskar Hoffmann (*Mac Milfords Reisen im Universum*, 1902), Bruno B. Bürgel (*Der Stern von Afrika*, 1920) und Karl August von Laffert (*Fanale am Himmel*, 1925). Sein Fazit: »Laßwitz läßt die kugelförmigen Raumschiffe der Marsbewohner durch Repulsitschüsse, also durch Rückstoß durch den Weltraum treiben[,] und hat damit den einzig möglichen Weg vorgeahnt«. In dem 1928 von Ley herausgegebenen Aufsatzband *Die Möglichkeiten der Weltraumfahrt* wird das Thema unter dem Titel *Raumschifffahrtsdichtung und Bewohnbarkeitsphantasien seit der Renaissance bis heute* weitaus ausführlicher dargestellt, allerdings nicht von Ley selbst, sondern von Dr. Karl Debus, einem an Literatur und Kulturwissenschaften interessierten Journalisten.

In dieser Zeit schrieb Ley an seinem einzigen Science-Fiction-Roman. *Die Starfield Company* wurde 1929 als

25

Fortsetzungsroman in einer Beilage der Neuen Leipziger Zeitung veröffentlicht. Eine vom Berliner Verlag Roderich Fechner angekündigte Buchausgabe für 4,80 Reichsmark kam vermutlich wegen der aufziehenden Weltwirtschaftskrise nicht zustande. Der Roman galt lange als verschollen. Erst 2007 wurden wahrscheinlich von Ley selbst gesammelte Zeitungsausschnitte in dessen Nachlass im Raumfahrtmuseum in Huntsville entdeckt und schließlich 2011 von Wolfgang Both und Klaus Scheffler nach weiteren umfangreichen Recherchen im Berliner Shayol-Verlag zusammen mit einer Reihe von anderen Ley-Texten als Buch veröffentlicht.

Der ganz flott geschriebene Roman spielt in den Jahren 1980 und 1981, für Ley und dessen Zeitgenossen also 50 Jahre in der Zukunft. Die Luftfahrt leidet unter zunehmenden Attacken vermeintlicher Luftpiraten. Die konkurrierenden, um nicht zu sagen verfeindeten Luftfahrtgesellschaften Transcontinental Company und Starfield Company schließen sich zusammen, um das Piratennest im Himalaja auszuheben. Man ist dabei nicht zimperlich und setzt modernste Waffentechnik und »den neuen Sprengstoff NB« ein: »... eine Tausendkilobombe mit dem Sprengstoff läßt eine kleine Stadt untergehen.« (S. 36) Die staatlich unterstützte private Flugzeug- und Luftschiffflotte unter Führung der Inderin Cora Samdarava und des Deutschamerikaners Frank Daybor scheucht die Gegner auf, und es stellt sich heraus, dass es sich um Außerirdische handelt, deren eigentlicher Stützpunkt ein kleiner, bis vor kurzem unbekannter Erdmond ist. Daraufhin entwickelt die Starfield Company innerhalb weniger Monate leistungsfähige Raketentriebwerke und stößt in den Weltraum vor. Die technisch hoch überlegenen Aliens mit ihren fischförmigen und enorm schnellen Raumschiffen – es wird vermutet, dass sie Lichtgeschwindigkeit erreichen – lassen sich davon ins Bockshorn jagen und verschwinden auf Nimmerwiedersehen aus dem Sonnensystem. Vorher lösen sie auf dem kleinen Erdmond den »Atomzerfall« aus,

weshalb der Trabant noch Jahre später »als heller Stern auch am Tage am Himmel steht« (S. 136). Später findet man Spuren ihrer Anwesenheit auf Venus und Mars. Im letzten Kapitel wird kurz angerissen, dass Cora der erste Mensch war, der ein Stück Mondgestein in den Händen hielt, und »im Venusozean beinahe ertrunken wäre« (S. 136), dass es eine Raumstation gibt, die die Erde in 23.000 Kilometer Abstand umkreist, und dass eine Expedition zum Saturn bevorsteht.

Ley lässt in seinem Roman seine Kenntnisse über die aktuelle Raketenforschung von Oberth & Co. einfließen, benutzt zum Teil sogar dasselbe Vokabular, holt sich aber auch Anregungen bei anderen Autoren von Weltraumromanen. Bemerkenswert ist, dass eine Frau die zentrale Figur in diesem Roman ist. Cora Samdarava ist reich, schön, geheimnisvoll, tatendurstig und selbstbewusst und wird von Ley sehr viel facettenreicher dargestellt als die männliche Hauptfigur Frank Daybor.

Die Buchausgabe der *Starfield Company* von 2011 ist mit zwei Illustrationen aus der Heftromanserie DER LUFTPIRAT UND SEIN LENKBARES LUFTSCHIFF, die zwischen 1908 und 1912 mit 165 Episoden erschien, bebildert. Nicht ohne tieferen Grund: Es gibt einige Parallelen, auf die Wolfgang Both hingewiesen hat[1]. So ähneln sich die fischförmigen Fluggeräte der vermeintlichen Luftpiraten in Leys Roman auffällig denen, mit denen es der Luftpirat, Kapitän Mors, in der Episode *Feind im Weltraume* (Band 38 der LUFTPIRATEN-Serie) auf einem Flug zur Venus zu tun bekommt.

Über diese erste SF-Heftromanserie, verfasst von einem oder mehreren bis heute unbekannten Autoren, hat Ley 1949 in einem Beitrag für die englische SCIENCE FANTASY REVIEW ausführlich geschrieben, leider ohne zu erwähnen,

---

1 Wolfgang Both/Klaus Scheffler: Willy Ley und der Luftpirat. – in: Willy Ley: Die Starfield Company. Hrsg. von Wolfgang Both und Klaus Scheffler. Berlin 2011.

27 

wann er »German's Captain Future« kennengelernt hat[2].
Denn er war zu jung, um sie bei Erscheinen gelesen zu haben. Als Band 1, *Der Herrscher der Lüfte*, herauskam, war Ley zwei Jahre alt, und nicht älter als sechs, als 1911 oder 1912 das letzte Luftpirat-Heft mit dem Titel *Die Stunde der Entscheidung* veröffentlicht wurde.

Als Quelle sind Leys Erinnerungen nicht zuverlässig, die wenigen überprüfbaren Angaben sind nicht korrekt. Ley schreibt, dass er ein Heft mit der Nummer 180 gesehen habe. Es sind aber nur 165 ab Band 1 lückenlos durchnummerierte Episoden bekannt. Laut Ley wurde die Serie 1914 kurz nach Ausbruch des Ersten Weltkriegs verboten, um Papier zu sparen. Ein solches Verbot hat es nicht gegeben. Tatsächlich stand der Luftpirat aber auf einer Liste von anfangs 135 Heftromanreihen, darunter viele Kriegsromane, die im April 1916 durch das Militär, die zuständige Zensurbehörde, als »Schmutz- und Schundliteratur« verboten wurden[3]. Später wurden zahlreiche Reihen, darunter der Luftpirat, wieder von der Liste genommen, nachdem sich die Verleger verpflichtet hatten, die Restbestände einschließlich der Druckplatten zu vernichten[4]. So wurde es unmöglich, die Reihen nach Kriegsende neu aufzulegen. Der Luftpirat geriet weitgehend in Vergessenheit und lebte nach den Worten von Ley »only as a dim memory in the minds of a few Germans old enough to have made their acquaintance as young men. It is doubtful if a file of them exists anywhere«.[5] Gelesen hat Ley die Serie aber mit Sicherheit zumindest teilweise, denn er nennt in sei-

---

2 WILLY LEY recalls 'Captain Future' of Germany. – in: Science Fantasy Review Vol. III, No. 16, autumn '49 (https://efanzines.com/FR/sfr16.htm)

3 Erlaß des Oberkommandos in den Marken – Berlin. Gegen die „Schundliteratur". 1916 (https://www.walther-kabel.de/node/658)

4 Georg Jäger: Der Kampf gegen Schmutz und Schund. – in: Archiv für Geschichte des Buchwesens. Hg. von der Historischen Kommission des Börsenvereins des Deutschen Buchhandels e.V. Band 31, Frankfurt 1988, S. 180.

5 WILLY LEY recalls 'Captain Future' of Germany.

 28

nem Artikel viele Details, die er nicht aus anderen Quellen haben kann, weil es diese damals nicht gab.

Als Vorstandsmitglied im VfR kam Ley Ende 1929/Anfang 1930 in Kontakt mit der American Interplanetary Society. Zu deren Vorstand gehörte der deutschstämmige Roman Frederick Starzl, der seine erste SF-Story *Out of the Sub-Universe* 1928 im Pulp-Magazin AMAZING STORIES QUARTERLY untergebracht hatte. Er versorgte Ley mit Ausgaben der SCIENCE WONDER STORIES, der WONDER STORIES QUARTERLY und der AIR WONDER STORIES, die ab 1929 von Hugo Gernsback herausgebrachten Magazine. Ley war begeistert. In einem Leserbrief, der im Januar 1931 in den WONDER STORIES abgedruckt wurde, schrieb er: »I have now finished reading the last issue of the first year of Wonder Stories and I wish to congratulate you for yours authors und to your readers.«[6] Dann listet er »[t]he best stories I have found in your magazine« auf, darunter die 1929 in der ersten Ausgabe von SCIENCE WONDER STORIES QUARTERLY erschienene Übersetzung des Romans *Der Schuss ins All* von 1925 »by my dear friend Otto W. Gail« unter dem Titel *The Shot Into Infinity*.

Unterschrieben hat Willy Ley als »Honorary member of the Science Correspondence Club«. Dieser Club war, wie der Name andeutet, eine Vereinigung von überwiegend jungen Männern, darunter Starzl, die sich vor allem über Raumfahrt, Leben auf anderen Planeten und anderen wissenschaftlichen Themen, aber auch über Science-Fiction austauschten und über einen Aufruf in den WONDER STORIES zusammengefunden hatten. Der Science Correspondence Club brachte 1930 das Mitteilungsblatt *The Comet* heraus, das vielen als erstes SF-Fanzine überhaupt gilt. Ab Ausgabe 2 hieß das Fanzine *Cosmology*. Darin veröffentlichte Ley zwischen Dezember 1931 und April 1932 eine Serie von drei Artikeln über Raketen und den Verein für Raumfahrt,

---

6 Wonder Stories, January 1931, p. 909

seine ersten Veröffentlichungen in den USA[7], denen nach seiner Einwanderung 1935 unzählige weitere folgten.

Hugo Gernsback, der Herausgeber der Amazing Stories (ab 1926) und der Science Wonder Stories (ab 1929, ab Juni 1930 nur noch Wonder Stories), gilt als »Vater der Science-Fiction«, weil er diesen Begriff geprägt und dem Genre so etwas wie einen programmatischen Unterbau verschafft hatte. Allerdings verwendete er zunächst den Begriff »scientifiction«. »Science Fiction« tauchte erstmals 1929 im Editorial der ersten Ausgabe von Science Wonder Stories auf: »This story [*The Alien Intelligence*], by the well-known author [Jack Williamson], we are certain, will be the outstanding science fiction achievement of the year.«[8]

Ley griff diesen Begriff sofort auf. Für Der Abend, die Spätausgabe des Vorwärts, verfasste er einen Artikel, der am 16. Juli 1930 mit der Überschrift *Science-Fiction in USA* erschien[9]. Er beginnt mit den Worten: »Aus Amerika will wieder einmal etwas Neues nach Europa kommen. Nach Jazz, die Keep Smiling und Sexappeal ist Science-Fiction der amerikanische Begriff, der nun auch Europa erobern möchte, und wer will nach den Erfolgen der genannten Schlagworte mit Bestimmtheit sagen, dass sich Europa der Science-Fiction verschließen wird?« Er versucht zu beschreiben, worum es in den »Wonder stories (Wundergeschichten)« geht: »eine[r] Fahrt zur Venus, [den] Einbruch der Bewohner eines fremden Weltkörpers auf die Erde mit ihren Folgen, Verwandlung eines Metalls, Bau einer neuen gigantischen Wolkenkratzerstadt, Entdeckung einer Strahlenart, die mikroskopische Urtierchen zu Riesengröße wachsen läßt.«

---

7 Sam Moskowitz: A Canticle for P. SCHUYLER MILLER, 1975. (https://fanac.org/fanzines/Fanthologies/Fantho44.pdf)

8 Science Wonder Stories, June 1929, p. 2

9 Alle Zitate nach: Willy Ley: Science-Fiction in USA. – in: Willy Ley: Die Starfield Company. Hrsg. von Wolfgang Both und Klaus Scheffler. Berlin 2011, 166-168.

Gernsback stellt Ley in dem Bericht als »geschäftstüchtigen Verleger vor«, der diese neue Literaturart »[s]eit etwa einem Jahr... im Format eines ausgewachsenen Geschäftsbriefbogens und von 100 Seiten durchschnittlicher Stärke« vertreibt. Gernsbacks Vorgeschichte mit AMAZING STORIES, dem ersten SF-Magazin, mit dem der Verleger Pleite ging, scheint Ley nicht gekannt zu haben, denn er bezieht sich ausdrücklich auf SCIENCE WONDER STORIES, AIR WONDER STORIES und SCIENCE WONDER QUARTERLY.

Am Ende seines Artikels zieht Ley ein Fazit: »Auf jeden Fall scheint sich hier eine ziemlich neue literarische Erscheinung anzubahnen, der fantastische wissenschaftliche Roman nicht als gelegentlicher amüsanter und nicht ganz für voll genommener Außenseiter der übrigen Unterhaltungsliteratur, sondern als kräftiger selbständiger Literaturzweig, getragen vom begeisternden Interesse eines ausgedehnten Publikums.«

Ley war von dem, was er aus Amerika bekam, so begeistert, dass er die Initiative für ein deutsches SF-Magazin nach amerikanischem Vorbild ergriff. Er wandte sich dafür an den Berliner Verlag Selle-Eisler. Dieser brachte unter dem Titel WAHRE GESCHICHTEN bereits die deutsche Ausgabe der TRUE STORIES heraus, eines Magazins des New Yorker Verlegers Bernarr Macfadden mit angeblich wahren Geschichten über soziale und persönliche Probleme. Er erhielt aber eine Absage: »[D]ie Leute wollten das Experiment nicht wagen, vor allem, weil sie sagten, es würde dem Renommée ihres Verlages sehr schaden, wenn er ein Magazin herausbringe, das später wieder eingestellt werden müsse.« Ähnlich habe sich auch Schriftstellerkollege Gail geäußert.[10] Ob Ley danach weitere Vorstöße in diese Richtung unternahm, ist nicht bekannt. Möglicherweise war er durch sein Engagement beim VfR und den Raketen-

---

10 Brief von Willy Ley an »Dr. Perlmann« (d. i. der russische Wissenschaftler Jakow Issidorowitsch Perelman) vom 4. Oktober 1930. Ein Scan des Briefes wurde mir freundlicherweise von Wolfgang Both zur Verfügung gestellt.

versuchen so eingespannt, dass dafür kein Raum blieb. So geriet die Genrebezeichnung »Science Fiction« schnell wieder in Vergessenheit, wozu auch die insgesamt negative Einstellung der 1933 an die Macht gekommenen Nationalsozialisten zur phantastischen Literatur und Einflüssen aus den USA beitrug.

War Willy Ley der erste deutsche Science-Fiction-Fan? Widerspruch kommt ausgerechnet vom Ley-Experten Wolfgang Both, der nicht nur die *Starfield Company* neu herausgegeben hat, sondern auch ein umfangreiches Buch über den Verein für Raumschifffahrt verfasst hat[11]. In einer E-Mail an mich schrieb er: »Der erste dt. SF-Fan hingegen war Herbert Häußler. Der hat bereits mit Forry Ackerman in Esperanto kommuniziert.«[12] Mit dem Untertitel *Der erste deutsche SF-Fan* hat Both zusammen mit Hans-Peter Neumann und Klaus Scheffler, alle drei langjährige Akteure im Science-Fiction-Fandom der DDR, 2002 eine Biografie Häußlers herausgebracht.

Sieht man nur auf die Daten, muss man Ley das Attribut »erster deutscher SF-Fan« zugestehen. Häußler, der aus Reichenbach im Vogtland stammte, war sechs Jahre jünger als Ley und kam dadurch später als dieser mit phantastischer Literatur in Berührung. Er entdeckte das Genre 1925, als er in einer Leihbücherei auf Zeitungsausschnitte mit dem Roman *Der Schuß ins All* von Otto Willi Gail stieß, der in der Münchner Illustrierten Presse veröffentlicht worden war. Während seiner kaufmännischen Ausbildungszeit in einer Weberei lernte Häußler die Kunstsprache Esperanto kennen und bekam dadurch Kontakt in die USA. Anfang der 1930er Jahre erhielt er Ausgaben der Wonder Stories und Astounding Stories von einem amerikanischen Esperantisten. Häußler wurde Mitglied in der 1934 gegründeten Science Fiction League. 1935 nahm er Kontakt mit Forrest

---

11 Kulturaufgabe Weltraumfahrt, Bremen 2020

12 E-Mail vom 27. Februar 2023.

J. Ackerman auf. Ackerman (1916-2008) war Esperantist wie Häußler und über Jahrzehnte einer der wichtigsten Akteure im amerikanischen SF-Fandom. Es entstand ein reger Austausch. Häußler schrieb mehrere »Bk reviews from abroad« (Buchbesprechungen) für Ackermans Fanzine IMAGINATION![13]. Mit Beginn des Zweiten Weltkriegs brach der Kontakt vorübergehend ab, wurde aber nach dem Krieg wieder aufgenommen und bestand bis zu Häußlers frühem Tod im Jahr 1973. Die beiden Brieffreunde haben sich zweimal persönlich getroffen: 1957 beim JahresCon des SFCD in Bad Homburg und 1970 in Reichenbach.

Aber es ist wohl eine Frage der Definition: Was ist ein SF-Fan? In dem Beitrag über Herbert Häußler in seiner *informal history of science-fiction fandom in the forties*, dessen Anfang in der Häußler-Biografie als Faksimile abgedruckt ist, unterscheidet Harry Warner jr. zwischen »fans« und »readers of science fiction who later became known as professional writers and scientists« (Leser von Science-Fiction, die später als Berufsschriftsteller und Wissenschaftler bekannt wurden)[14]. Ley fiele danach wohl in die zweite Kategorie, denn er lebte nach seiner Einwanderung in die USA als Wissenschaftsautor und schrieb einige Kurzgeschichten und viele Kolumnen für Science-Fiction-Magazine. Dafür wurde er zweimal mit dem Hugo Award der World Science Fiction Society ausgezeichnet: 1953 für »Excellence in Fact Articles« und 1956 als »Best Feature Writer«[15]. Leys oben genannter Artikel über die LUFTPIRATEN-Serie in der SCIENCE FANTASY REVIEW erschien 1960 auf Deutsch im Fanzine HERMES des Wuppertaler Vereins Freunde der Raumfahrt. Übersetzer war Herbert Häußler.

---

13 https://fanac.org/fanzines/Imagination/

14 Harry Warner jr.: All Our Yesterdays. Chicago 1969, p. 163.

15 Hugo Awards by Year, https://www.thehugoawards.org/hugo-history/

Literatur

• Willy Ley: Die Fahrt ins Weltall. Leipzig 1926.

• Willy Ley: Die Starfield Company. Hrsg. von Wolfgang Both und Klaus Scheffler. Berlin 2011.

• Wolfgang Both: Kulturaufgabe Weltraumfahrt. Bremen 2020.

• Wolfgang Both/Hans-Peter Neumann/Klaus Scheffler: Herbert Häußler 1912-1973. Der erste deutsche SF-Fan. Andromeda SF Magazin 148, 2002

Ein Pionier der Prä-Astronautik

Wer sich etwas näher mit Walter Ernsting alias Clark Darlton befasst hat weiß, dass der Altmeister der westdeutschen Nachkriegs-Science-Fiction mit Erich von Däniken befreundet war und mit ihm die Überzeugung teilte, dass Außerirdische in ferner Vergangenheit die Erde besucht und die Entwicklung der Menschheit beeinflusst haben könnten. Von Däniken hat seine Überzeugung in zahlreichen Büchern, angefangen mit *Erinnerungen an die Zukunft* (1968), dargelegt und gilt heute als einer der führenden Vertreter der sogenannten Prä-Astronautik. Besonders groß ist sein Einfluss in den USA.

Ernsting ist aber nicht erst durch von Däniken mit diesem Thema in Berührung gekommen, sondern sehr viel früher. Davon zeugt sein 1955 erschienener erster Roman *Ufo am Nachthimmel*. Dass Ernsting in gewisser Weise ein Vorläufer von Dänikens war, ist keine neue Erkenntnis[1]. Aber es ist nie darauf eingegangen worden, dass Ernsting zu den Pionieren der Prä-Astronautik gehörte und die Hypothese vom vorgeschichtlichen Besuch Außerirdischer, wenn auch innerhalb eines Romans, wahrscheinlich als erster in Deutschland aufgegriffen hat.

---

1 Hans Joachim Alpers (Hrsg.): Der Clark Darlton Reader. Rastatt 1983: S. 333.

Ernsting (1920-2005) war seit seiner Jugend Science-Fiction-Fan und kannte Vorkriegsserien wie Sᴜɴ Kᴏʜ – Dᴇʀ Eʀʙᴇ ᴠᴏɴ Aᴛʟᴀɴᴛɪs. Nach seiner Rückkehr aus der Kriegsgefangenschaft arbeitete er unter anderem als Dolmetscher für das britische Militär. So kam er in Berührung mit englischsprachiger SF-Literatur und britischen SF-Fans. Ernsting konnte den Verleger Erich Pabel in Rastatt davon überzeugen, eine Heftromanreihe mit Übersetzungen aus dem Englischen auf den Markt zu bringen. Er selbst suchte die Romane aus und sorgte für deren Übersetzung. Im April 1954 erschien der erste Uᴛᴏᴘɪᴀ-Großband mit dem Titel *Invasion aus dem Weltraum* von Von Kellar.

In dieser Reihe wurde im April 1955 Ernstings erster eigener Roman veröffentlicht. Er wählte dafür das Pseudonym Clark Darlton und gab ihn als Übersetzung eines englischen Werkes aus, angeblich weil der zuständige Lektor im Pabel-Verlag Werke deutscher Autoren für die Großbände ablehnte. *Ufo am Nachthimmel* legte den Grundstein für eine Karriere, deren Höhepunkt Ernstings »Vaterschaft« und langjährige Beteiligung an der Pᴇʀʀʏ Rʜᴏᴅᴀɴ-Heftromanserie wurde.

Ufos und »fliegende Untertassen« waren Anfang der 1950er Jahre ein neues, spannendes Thema, das viel Aufmerksamkeit erhielt. Es herrscht allgemein Einigkeit darüber, dass das Ufo-Zeitalter am 24. Juni 1947 begann, als der Pilot Kenneth Arnold am Mount Rainier im US-Bundesstaat Washington, einem mehr als 4300 Meter hohen Schildvulkan, neun ungewöhnliche fliegende Objekte beobachtete, die sich seiner Ansicht nach mit hoher Geschwindigkeit bewegten. Im ersten Zeitungsbericht darüber ist von »saucer-like aircraft« die Rede[2]. Weil die Story von der Lokalzeitung an die Nachrichtenagentur Associated Press übermittelt wurde, machten die »flying saucers« in den ganzen USA Schlagzeilen. Berichte über

---

2 Bill Beguette: Boise Flyer Maintains He Saw 'Em. - in: Eᴀsᴛ Oʀᴇɢᴏɴɪᴀɴ, 25.6.1947.

 36

„Ufo am Nachthimmel" war der erste Roman, den Walter Ernsting alias Clark Darlton 1955 veröffentlichte.

»nicht identifizierte Phänomene in der Luft« (Unidentified Arial Phenoma, UAP), wie sie heute heißen, gab es schon vorher, sie traten allerdings anschließend weitaus häufiger auf und gehen mittlerweile in die Hunderttausende. Allein im ersten Halbjahr 2021 verzeichnete die Gesellschaft zur Erforschung des UFO-Phänomens für Deutschland 64 Meldungen[3].

In Ernstings *Ufo am Nachthimmel* stoßen der britische Atomforscher Dr. James Freema, seine Verlobte und Kollegin, die Chemikerin Anne Berkins, der amerikanische Astronom Mike Conners und der französische Rundfunk- und Fernsehtechniker Jules Durant auf den humanoiden grünhäutigen Außerirdischen Ker Ga, der mit seiner Flugscheibe abgestürzt ist. Er kommt vom Planeten Xol im Sirius-System. Die Xoaner haben einen Stützpunkt auf dem Mond, von wo aus sie seit mehreren Hundert Jahren die Erde beobachten. Mit der Hilfe der Menschen und mit Bauteilen aus einem Fernseher kann Ker Ga das Fluggerät wieder flottmachen. Als das Ufo kurz vor dem Start von einer Militärpatrouille entdeckt wird, wird Ker Ga bei einem Schusswechsel getötet. James Freema gelingt es, seine Freunde und sich mit dem Ufo in Sicherheit zu bringen. Im

---

3 https://www.ufo-forschung.de/category/ufo-faelle/ufo-meldungen (abgerufen am 4.8.2021)

Weltraum wird das Fluggerät vom Xoaner-Stützpunkt in Fernsteuerung genommen und zur Landung auf dem Mond gezwungen. Der Kommandant des Stützpunkts will die Menschen töten lassen, aber dank Ker Gas Bruder gelingt ihnen die Flucht, die sie zuerst auf den Mars und anschließend nach Xol führt. Nach einem längeren Aufenthalt dort, bei dem Durant ums Leben kommt, kehren Freema und Berkins auf die Erde zurück. Mike bleibt auf Xol, weil er sich in eine Xoanerin verliebt hat.

Vom Xoaner Ker Ga erfahren die Menschen, dass der Asteroidengürtel zwischen Mars und Jupiter der Rest eines namenlosen Planeten ist, den dessen Bewohner in einem Atomkrieg einst selbst zerstörten. Die gewaltige Explosion löste auf der Erde die Sintflut aus. Um eine erneute Katastrophe dieser Art zu verhindern, werde die Erde von den Xoanern überwacht, wegen der Entdeckung und Anwendung der Atomkraft mit zunehmender Sorge.

Überlebende der Katastrophe retteten sich auf den Mars. Vor 10.000 Jahren eroberten sie als »Götter mit flammenden Wagen« die Erde und ließen sich dort nieder: »Die Inkas, die Ägypter, die Bewohner von Atlantis – was sollen sie anderes gewesen sein, als jene Marsinvasoren, die allerdings durch den veränderten Einfluss der kosmischen Strahlung [...] und durch Vermischung mit den primitiven Erdbewohnern auf eine niedrige Kulturstufe herabsanken. Sie vergaßen ihre Herkunft und die Geheimnisse der Atomkraft. Ihre Sagen aber blieben, und auch ihre Götter, die einst vom Himmel gekommen waren.« Bei ihrem Aufenthalt auf dem Mars erfahren die Menschen, dass die beiden kleinen Monde Phobos und Deimos keine natürlichen Trabanten sind, sondern künstliche Satelliten. Sie dienten den Invasoren der Erde als Startplattformen für ihre Raumschiffe.

All diese Elemente – Zerstörung des fünften Planeten durch einen kosmischen Krieg, Beeinflussung der irdi-

schen Hochkulturen, künstliche Marsmonde – gehören heute zu den Standards der Prä-Astronautik und Ufologie. Bemerkenswert ist eine Schlussfolgerung, die der Xoaner Ker Ga zieht: »Wie erklären eure Wissenschaftler sich denn die überraschenden Kenntnisse der Ägypter von der Astronomie, um nur ein Beispiel zu nennen? Sie haben keine Erklärung. Und die Wahrheit könnten sie kaum vertragen, da sie das bisherige Weltbild umwürfe.« Diese Aussage könnte von Erich von Däniken stammen. So heißt es in der »Einleitung« zu *Erinnerungen an die Zukunft*: »Diese Behauptung [dass unsere Vorfahren im Altertum Besuch von Außerirdischen hatten] ist grundstürzend. Sie zertrümmert den Sockel, auf dem ein scheinbar so perfektes Denkgebäude konstruiert wurde.« Man könnte spekulieren, ob sich von Däniken nicht eventuell von Ernstings Werken, die er kannte, inspirieren ließ. In dem Perry Rhodan-Roman *Ein Hauch Ewigkeit*, den Ernsting 1962 verfasste, steht: »Oder gab es auch Erinnerungen an die Zukunft...?« Über diese Parallele hatte sich angeblich schon Ernsting gewundert[4].

Als kulturelles Phänomen, wie wir es heute kennen, ist die Prä-Astronautik weltweit eng mit dem Namen Erich von Däniken (geb. 1935) verbunden. Sein Buch *Erinnerungen an die Zukunft* von 1968 wurde in Europa sofort und in den USA mit einigen Jahren Verzögerung zum Bestseller. Der Schweizer Hotelier profitierte dabei von der Vorarbeit dreier Franzosen. Jacques Bergiers und Louis Pauwels veröffentlichten 1959 *Le Matin des magiciens. Introduction au réalisme fantastique*. Das Buch erschien 1962 auf Deutsch als *Aufbruch ins dritte Jahrtausend. Von der Zukunft der phantastischen Vernunft*. 1963 erschien die *Histoire inconnue des hommes depuis cent mille ans* von Robert Charroux (in deutscher Übersetzung *Phantastische Vergangenheit – Die unbekannte Geschichte der Menschen seit hunderttausend Jahren* von 1966).

---

4 Heiko Langhans: Clark Darlton. Der Mann, der die Zukunft brachte. Rastatt 2000: S. 149.

Die eigentliche, aber häufig übersehene Pionierarbeit in der Prä-Astronautik leistete allerdings ein 1953 in England erschienenes Buch: *Flying Saucers Have Landed* von Desmond Leslie (1921- 2001) und George Adamski (1891-1965), das bis 1957 neun Auflagen erlebte. Es war das erste weit verbreitete Buch, das »fliegende Untertassen« mit historischen Überlieferungen in Verbindung brachte. In diesem zweiteiligen Werk schilderte der amerikanische Esoteriker und Okkultist Adamski seine angeblichen Begegnungen mit Venusianern und lieferte die ersten »Beweisfotos« von Ufos, die sich alle als Fälschungen herausstellten.

Adamskis abenteuerlichen Ausführungen wurde seinerzeit viel mehr Aufmerksamkeit geschenkt als dem viel umfangreicheren Teil des Buches, in dem der aus London stammende Filmemacher und Schriftsteller Leslie Hunderte angebliche historische Ufo-Sichtungen bis zurück ins frühe 17. Jahrhundert auflistete und auf vermeintliche Hinweise in antiken Quellen und Sagen auf »himmlische Wesen« einging. Leslie stützte sich dabei ausdrücklich auf eine Vorarbeit von Charles Frost, der sich bereits 1919 in *The Book of the Damned* (erschien 1995 als *Das Buch der Verdammten* auf Deutsch) mit »unerklärlichen Phänomenen« befasst hatte. Leslie brachte sie als erster mit Außerirdischen in Verbindung. »Die Alten waren es gewohnt, Menschen von anderen Planeten zu empfangen«, war er überzeugt.

Ernsting könnte durch Leslies Werk zu *Ufo am Nachthimmel* inspirieren worden sein. Er hatte als ehemaliger Dolmetscher der britischen Besatzer und Übersetzer vielfältige Möglichkeiten, an in England verlegte Bücher zu kommen. Was der Xolaner Ker Ga den Menschen in Ernstings Roman offenbart, hat deutliche Entsprechungen bei Leslie. Zu dessen Kernthesen gehören unter anderem:

• dass hochentwickelte Wesen in Raumschiffen an vielen Stellen der Erde Monumentalbauten wie die Pyrami-

den in Ägypten und Amerika hinterlassen oder dank ihrer überlegenen Technik (Levitation, Antigravitation) an deren Bau mitgewirkt haben;

• dass die Insel Atlantis die Heimat der »ersten Zivilisation« war, deren Priester das »Geheimnis der kosmischen Kraft« kannten und die durch die unbefugte Freisetzung dieser Kräfte unterging;

• dass es zwischen Mars und Jupiter einen Planeten (auch Phaeton genannt[5]) gegeben haben könnte, der zerstört wurde und dessen Überbleibsel den Asteroidengürtel bildeten (eine Hypothese, die im 19. Jahrhundert aufkam, aber längst überholt ist);

• dass die »fliegenden Untertassen« durch den Einsatz von Kernwaffen auf die Erde aufmerksam wurden;

• dass die Marsmonde Phobos und Deimos künstliche Satelliten sind, die für die Wetterkontrolle oder als Zwischenstation für interplanetare Flüge genutzt wurden.

Die Marsmonde-Hypothese hat Leslie von Gerald Heard, einem englischen Schriftsteller, übernommen. Dessen 1950 in England veröffentlichtes Buch *The Riddle Of The Flying Saucers* war ebenfalls populär, allerdings auch kurios: Heard glaubte, dass auf dem Mars superintelligente Bienen lebten, die mit fliegenden Untertassen zur Erde kamen, um uns zu beobachten und den Goldvorrat in Fort Knox zu untersuchen, weil sie besorgt waren, dass wir Menschen kurz davor standen, die Sonne zu zerstören.

Die Prä-Astronautik ist zwar ein Phänomen der zweiten Hälfte des 20. Jahrhunderts, aber die Vorstellung, dass frühe Hochkulturen ihre Monumentalbauten nicht aus ei-

---

5 Johann Gottlieb Radlof: Zertrummerung der grosen Planeten Hesperus und Phaeton, und darauf folgenden Zerstorungen und Ueberflutung auf der Erde. Berlin 1823.

gener Kraft errichteten, sondern technisch fortgeschrittene Helfer hatten oder gar nicht selbst die Erbauer waren, ist viel älter. Dabei spielt Atlantis, jene von Plato erwähnte legendäre Insel, die um 9600 v. Chr. innerhalb weniger Stunden im Meer versunken sein soll, eine wichtige Rolle.

Die europäischen Siedler, die im späten 18. Jahrhundert von der amerikanischen Ostküste nach Westen vordrangen, stießen dort auf Tausende künstliche, zum Teil riesige Erdhügel. Weil offensichtlich war, dass die Hügel alt waren und die dort lebenden Indianern nicht die Erbauer sein konnten, entstand der Mythos von einer weiter entwickelten »lost race«. Diese »mound builders« (Hügelbauer) könnten Auswanderer von der untergegangenen Insel Atlantis gewesen sein, lautete eine Hypothese[6].

Den nächsten Schritt machte der französische Geistliche Charles-Ètienne Brasseur de Bourbourg (1814-1874). In einem Beitrag für die Sociètè d'Ethnographie in Paris stellte er 1873 die Behauptung auf, dass beide Amerikas und die Alte Welt um 10.000 v. Chr. von Flüchtlingen aus Atlantis zivilisiert wurden. Diese in gelehrten Kreisen in Europa populär gewordene Idee griff der amerikanische Jurist und Autor Ignatius Donnelly (1831-1901) auf und veröffentlichte 1882 das wohl einflussreichste Buch über den versunkenen Kontinent: *Atlantis. The Antidiluvian World* (die deutsche Ausgabe erschien 1911). Er hielt die Atlanter allerdings nicht nur für hochzivilisiert und technisch fortschrittlich, sondern auch für die Vorfahren der Arier und der Juden, während er andere, nicht weiße Ethnien wie Afrikaner, Japaner oder Indianer ausdrücklich als deren Nachkommen ausschloss und als minderwertig bezeichnete.

Unter Donnellys Nachfolgern »entwickelten« sich die Atlanter immer weiter. Ihnen wurden zum Teil magische

---

6 Jason Colavito: The Mound Builder Myth. Norman 2020.

Kräfte zugesprochen, andere Autoren fanden angeblich Beweise dafür, dass sie über Technologien verfügten, die weit fortschrittlicher waren als unsere. Der Engländer William Scott-Elliot, der der theosophischen Bewegung angehörte, behauptete in seinen 1896 und 1904 erschienenen Büchern *The Story of Atlantis* und *The Lost Lemuria*, dass die Atlanter Flugmaschinen hatten, die von einer geheimnisvollen Substanz namens Vril angetrieben wurden, und von göttlichen Wesen von der Venus unterwiesen worden waren. Damit war der Sprung in den Weltraum vollzogen. Vril war allerdings eine Erfindung des Schriftstellers Edward Bulwer-Lytton (1803-1873) aus dessen Roman *The Coming Race* von 1871.

Der Atlantis-Mythos wurde schon in Vorkriegsdeutschland von zahlreichen Science-Fiction-Schriftstellern aufgegriffen. Einer der ersten Romane von Hans Dominik hieß schlicht *Atlantis* (1925). In *Der Stein vom Mond* von Otto Willi Gail von 1926, der Fortsetzung von *Der Schuss ins All* (siehe Kapitel »Vom Bodensee direkt zum Mond« ab Seite 89), spielen das Mädchen Tuxtla, eine Wiedergeburt der letzten Herrscherin von Atlantis, und die Venus eine wesentliche Rolle. In den Niederlanden erschien das Buch 1929 als *De Steen van Atlantis*.

Zur Lieblingslektüre Ernstings gehörte die Serie SUN KOH – DER ERBE VON ATLANTIS von Lok Myler (Pseudonym von Paul Alfred Müller)[7]. Sie erschien von 1933 bis 1936 in insgesamt 150 Folgen und erzählt die Abenteuer von Sun Koh, dem letzten Überlebenden von Atlantis. Am Ende der Serie taucht der Inselkontinent wieder auf, und Sun Koh kann die ihm zustehende Herrschaft über die sagenumwobene Insel antreten. In einigen Folgen tauchen Hinterlassenschaften von vorgeschichtlichen Raumfahrern auf. Ernsting machte keinen Hehl daraus, dass er von der Serie beeinflusst worden war.

---

7 Heiko Langhans: Clark Darlton. Der Mann, der die Zukunft brachte. Rastatt 2000: S.13.

43

Auch in den westdeutschen SF-Leihbüchern der Nachkriegszeit war Atlantis immer wieder Handlungsschauplatz, auch wenn das nicht immer so offensichtlich war wie bei *Unternehmen Atlantis* von Wilhelm W. Bröll (1953).

Als 1947 das Ufo-Zeitalter begann, waren alle Zutaten für die Prä-Astronautik vorhanden. Man musste nur noch die Atlanter durch Aliens ersetzen.

In seinem Roman *Das ewige Gesetz* von 1957 nimmt sich Ernsting die Schöpfungsgeschichte und den Atlantis-Mythos vor. Vor Millionen von Jahren strandet eine Gruppe von Raumfahrern aus dem weit entfernten Eldos-System auf der Erde. Die Namen der Gestrandeten sprechen Bände: Ladam und Aleva, Lariel (Ariel ist der Elementargeist, dem die Erde zugeordnet ist), Lok (wie Lok Myler, Autor von Sun Koh), Koh Mu (Mu ist ein versunkener Kontinent, der mal im Atlantik und mal im Pazifik verortet wird), Aztekl, Toltekl und Khmerl (drei Völker aus Mittelamerika und Südostasien, die für ihre Monumentalarchitektur bekannt sind), um die Wichtigsten zu nennen. Deren Nachkommen, die erste Menschheit, werden bei einem Angriff feindlicher echsenartiger Aliens fast ausgelöscht, der Inselkontinent, auf dem sie leben, wird überflutet. Nur wenige kleine Gruppen von Menschen überleben die globale Katastrophe, vergessen aber ihre Herkunft.

Der Roman enthält eine Anspielung auf die geheimnisvolle Bundeslade, in der die Israeliten angeblich die Tafeln mit den zehn Geboten aufbewahrten. In der Bibel wird mehrfach berichtet, dass Menschen starben, als sie die Lade, eine innen und außen vergoldete Truhe aus Akazienholz, berührten. Bereits im 18. Jahrhundert war spekuliert worden, dass die Lade eine sogenannte Leidener Flasche (erfunden 1745) sein und tödliche elektrische Schläge ausgeteilt haben könnte. Eine Leidener Flasche ist technisch gesehen ein Kondensator, der statische Elektrizität von mehreren zehntausend Volt speichern kann. In *Das*

ewige Gesetz entpuppt sich die »heilige Truhe« aber als Funkgerät, das automatisch einen Notruf sendet. Ob das Ernstings Idee war? In der prä-astronautischen Literatur wurde die Lade erst 1963 von Charroux als Funkgerät zur Kommunikation mit den Alien-Göttern interpretiert.

Mit seinem Faible für die Vorgeschichte stand Ernsting im jungen deutschen SF-Fandom offenbar alleine da. Der junge Wolfgang Jeschke reagierte auf »Das ewige Gesetz«, das er im Fanzine AD ASTRA einen »Tiefstand des Schaffens unseres guten Darlton« nannte, mit einem Spottgedicht, das so endet[8]:

»... o Darlton! – kehre bald zurück.
Wir wollen Raum und Zeit erobern,
weit in der Zukunft liegt das Glück.«

Zeitzeuge Rainer Eisfeld schrieb in einer Mail an den Verfasser, er könne sich »nicht entsinnen, auch nur ein einziges Mal mit Ernsting, mit anderen Fans in unserer Bonner SF-Gruppe oder auf Cons« über solche Themen gesprochen zu haben.

Auch in der DDR verarbeiteten Schriftsteller Jahre vor von Däniken prä-astronautische Themen. 1963 erschienen gleich zwei Romane dieser Art im Verlag Das neue Berlin: *Der blaue Planet*[9] von Carlos Rasch (1932-2021) und *Als die Götter starben* von Günther Krupkat (1905-1990). In Raschs Roman muss ein Raumschiff der technisch und moralisch hochentwickelten Heloiden zur Zeit der sumerischen Hochkultur um 3000 v. Chr. auf der Erde landen, um ein defektes Navigationssystem zu reparieren. Sie nehmen Kontakt mit der Bevölkerung des Nahen Ostens auf,

---

8 Rainer Eisfeld: Die Zukunft in der Tasche. Lüneburg 2007: S.75.

9 Eine gekürzte Fassung erschien 1968 als Nummer 17 in der TERRA-NOVA-Heftromanreihe des Moewig-Verlags.

Im vorgeschichtlichen Sumer spielt der Roman „Der blaue Planet" von Carlos Rasch aus dem Jahr 1963.

von der sie für Götter gehalten werden. Es kommt zu kulturellen Missverständnissen und Konflikten, und am Ende setzen die Außerirdischen ihren Flug fort, nachdem sie durch den Einsatz von Atombomben verhindert haben, dass das Zweistromland vor einer riesigen Flutwelle überflutet wird.

In *Als die Götter starben* werden in der Zukunft auf dem irdischen Mond und auf dem Marsmond Phobos Spuren einer außerirdischen Zivilisation entdeckt, die aus dem Sternsystem Meju stammt. Die Mejuaner kamen vor Tausenden von Jahren, nachdem ihre Heimat zerstört worden war, zur Erde. Dort bauten sie unter anderem die monumentale Terrasse der Tempelanlagen von Baalbek im Libanon. Der Roman fand 1968 eine Fortsetzung in *Nabou*. Darin steht ein genialer und geheimnisvoller Ingenieur im Mittelpunkt, der sich als Biomat, als ein von den Mejuanern zurückgelassener Android entpuppt. *Nabou* gilt als einer der besten Romane der DDR-SF.

Woher die beiden Schriftsteller ihre Anregungen nahmen, ist leicht nachzuvollziehen, denn Rasch hatte seinem Roman eine vermutlich authentische Meldung der DDR-Nachrichtenagentur ADN vorangestellt. Darin wird über die Hypothese des sowjetischen Mathematikers und Physikers Matest Mendelejewitsch Agrest (1915-2005) berich-

tet, »daß die Erde zu Beginn der Zivilisation der Menschheit von fremden Raumfahrern besucht worden ist«.

Agrest wirkte unter anderem am sowjetischen Atombombenprojekt mit. In mehreren Aufsätzen[10] spekulierte er darüber, ob die in der Bibel erzählte Zerstörung von Sodom und Gomorrha auf eine Atomexplosion der »Götter vom Himmel« zurückzuführen sein und es sich bei der megalithischen Terrasse des Jupitertempels von Baalbek im Libanon um einen Lande- und Startplatz für außerirdische Raumschiffe handeln könnte. Dort liegen mehrere riesige Steinquader, von denen der größte, der erst vor wenigen Jahren in einem nahe gelegenen Steinbruch entdeckt wurde, etwa 1600 Tonnen wiegt. Während die Terrasse von Baalbek in beiden Krupkat-Romanen ein wichtiger Schauplatz ist, kommt sie bei Rasch nur in einer Episode vor. Sein Roman spielt zu einem großen Teil in Uruk im Südosten des heutigen Irak.

Im Unterschied zu anderen Prä-Astronautikern wie von Däniken sprach Agrest von einer »Arbeitshypothese«, die mit wissenschaftlichen Methoden überprüft werden müsste. Er machte dafür Vorschläge wie Radioaktivitätsmessungen an bestimmten Stellen. Agrest wanderte 1992 in die USA aus. Er trat der Ancient Astronaut Society (AAS) bei, zu deren Mitgliedern Walter Ernsting gehörte. In deren Zeitschrift ANCIENT SKIES veröffentlichte Agrest mehrere Aufsätze über die »paleocontact hypothesis«.

In den 1960er Jahren sah die sowjetische Führung in der Prä-Astronautik eine säkulare Alternative zur Religion[11]. Damit konnten eine scheinbar wissenschaftliche Erklärung für Engel, religiöse Wunder und Überlieferungen aus der Bibel geliefert werden. Ziel war es offenbar, die re-

---

10 Matest Agrest: Космонавты Древности (Kosmonauten der Antike). Moskau 1961 (online http://epizodyspace.ru/bibl/na-sushe -i-namore/ 1961/agrest.html; abgerufen am 4.8.2021)

11 Jason Colavito: Faking History (eBook). Albany 2013: pos. 192.

47

ligiösen Vorstellungen im Westen zu untergraben. Davon rückte die Sowjetführung aber wieder ab, als sich dort die Prä-Astronautik selbst zu einer Art Ersatzreligion entwickelte. Die Behauptungen von Dänikens und anderer wurden in den sozialistischen Ländern »als Inbegriff des Irrationalismus, des Absurden, des Mystizismus«[12] gebrandmarkt.

Krupkat schien ein Anhänger der Prä-Astronautik gewesen zu sein. Anfang der 1970er Jahre besuchte er die Tempelanlage in Baalbek und hielt darüber Vorträge auf Treffen von SF-Klubs in der DDR, unter anderem in Halle/Saale und Dresden. Augenzeuge des Vortrags am 21. September 1972 mit 165 Teilnehmern im Stanislaw-Lem-Klub in Dresden war der Schriftsteller und Übersetzer Erik Simon: »... legendär geworden [ist] Günther Krupkats Dia-Vortrag über die Terrasse von Baalbek, wo ich in einem brechend überfüllten Raum zusammen mit zwei anderen Fans auf einem Fensterbrett stand (innen).«[13]

Zurück zu Walter Ernsting. Prä-astronautische Themen flossen immer wieder in seine Romane ein. In der RÄTSEL-Trilogie, die 1974 als Heyne-Jugendtaschenbuch erschien, schickte er Jugendliche durch ein uraltes unterirdisches Transportsystem, das von Außerirdischen auf der Erde gebaut wurde. Aber auch in der PERRY RHODAN-Serie gab es Gelegenheiten für prä-astronautische Themen, nachdem dort 1962 der Prinz und Flottenadmiral Atlan eingeführt worden war. Der unsterbliche Arkonide war vor 11.000 Jahren auf der Erde gestrandet und hatte die nach ihm benannte Kolonie Atlantis gegründet.

---

12 Andreas Anton: Das Paranormale im Sozialismus. Zum Umgang mit heterodoxen Wissensbestanden, Erfahrungen und Praktiken in der DDR. Freiburg 2017 (online: https://freidok.uni-freiburg.de/fedora/objects/freidok:13933/datas treams/FILE1/content; abgerufen am 4.8.2021)

13 Erik Simon: Blütezeit und Fall des SLK. – in: Wolfgang Both/Hans-Peter Neumann/Klaus Scheffler (Hrsg.): Berichte aus der Parallelwelt. Die Geschichte des Science Fiction-Fandoms in der DDR. Passau 1998: S. 45.

 48

Privat hatte Walter Ernsting Kontakt zu allen wesentlichen deutschsprachigen Prä-Astronautikern. 1968, kurz nach Erscheinen von *Erinnerungen an die Zukunft*, lernte der Schriftsteller Erich von Däniken kennen, mit dem ihn eine lebenslange Freundschaft verband. Ernsting begleitete von Däniken auf mehreren Forschungsreisen und konnte ihn als Co-Autor für seinen pseudobiografischen Roman *Der Tag, an dem die Götter starben* gewinnen, der zuerst 1975 auf Französisch (*Le jour où moururent les dieux*), 1977 auf Englisch (*The day the gods died*) und erst 1979 auf Deutsch erschien. Darin stößt der Autor im Jahr 1965 nach einem Besuch beim Schweizer Hotelier »Erich von X« in Peru auf eine Zeitmaschine, reist 23.000 Jahre zurück in die Vergangenheit und trifft dort auf Außerirdische.

Zum gemeinsamen Freundeskreis von Ernsting und von Däniken gehörte Peter Krassa (1938-2005), später auch der Autor und Cartoonist Reinhard Habeck (Jahrgang 1962). Die beiden Österreicher hatten 1982 in dem Buch *Licht für den Pharao* die Hypothese aufgestellt, dass die alten Ägypter elektrischen Strom nutzten. Zusammen nahmen Ernsting, von Däniken und Krassa 1974 am ersten Weltkongress der Ancient Astronaut Society in Chicago teil. Ernsting war neben von Däniken auch Redner auf dem AAS-Kongress 1979 in München und hielt dort einen Vortrag mit dem Titel »Unfrisierte Gedanken zu Science Fiction und Wissenschaft«[14]. In dem Roman *Die neun Unbekannten* von 1981 sind einige Protagonisten nach von Däniken, Krassa und anderen Aktiven der Prä-Astronautiker-Szene benannt.

Seinen Freunden ebnete Ernsting mit Unterstützung von Redakteur Günter M. Schelwokat den Weg ins Umfeld der PERRY RHODAN-Serie. Der 1976 eingeführte, zunächst von Ernsting betreute PERRY RHODAN-Report, war anfangs

---

14 Michael Boss: Heimweh nach den Sternen - in: SAGENHAFTE ZEITEN 4/2020: S. 11.

»wie eine Hauspostille der Präastronautiker«[15]. Von Däniken und Krasse schrieben regelmäßig für das von 1979 bis 1981 erschienene PERRY RHODAN-Magazin; von Däniken hatte sogar eine eigene Kolumne. Habeck versorgte die Redaktion jahrelang mit seinen »Rüsselmops, der Außerirdische«-Cartoons. Zweifellos glaubte Walter Ernsting daran, dass Außerirdische vor langer Zeit auf der Erde gelandet sein könnten. Für ihn war das nicht nur ein Gedankenspiel, das ihm als Schriftsteller Ideen für spannende Geschichten lieferte. Auf die Frage, ob es ihn nicht manchmal wurmen würde, dass er als Pionier der Prä-Astronautik im Schatten seines Freundes Erich von Däniken steht, hätte er vermutlich mit einer witzigen Bemerkung oder nur mit einem Lachen geantwortet.

---

15 Michael Nagula: Perry Rhodan. Die Chronik, Band 2. Hofen 2012: S. 152.

The Fantastical Traveller

Waukegan ist eine mittelgroße Stadt ein paar Dutzend Kilometer nördlich von Chicago am Ufer des Michigansees. Von ihr hätte kaum jemand außerhalb dieser Gegend etwas gehört, wäre dort nicht der Schriftsteller Ray Bradbury (1920–2012) geboren worden. Am 23. August 2019, an Bradburys 99. Geburtstag, wurde in Waukegan ein Denkmal für ihn enthüllt.

Die Stadt muss ein gutes Pflaster für künftige SF-Größen sein. 1952 wurde dort Kim Stanley Robinson (*Roter Mars*, *Das Ministerium für die Zukunft*) geboren.

Bradbury gehört zu den ganz großen Science-Fiction-Schriftstellern. Seine *Mars-Chroniken* (*The Martian Chronicles*) und *Fahrenheit 451* über eine Gesellschaft, in der lesen verboten ist und Bücher von der Feuerwehr verbrannt werden, sind auch außerhalb der SF-Szene bekannt. Die wiederum schätzt seine Kurzgeschichten und seine poetische Sprache besonders. Einige seiner Werke sind verfilmt worden, außer *Fahrenheit 451* (1966 von François Truffaut und 2018 von Ramin Bahrani als Fernsehfilm) zum Beispiel *The Meteor* als *Gefahr aus dem Weltall* (*It Came From Outer Space*) von Jack Arnold. Für den Film-Klassiker Moby Dick mit Gregory Peck nach dem Roman von Herbert Melville schrieb Bradbury das Drehbuch.

Bradbury, Jahrgang 1920, lebte bis zu seinem 14. Lebensjahr in Waukegan, bevor er mit seinen Eltern nach Los Angeles zog. Seine Heimatstadt hat er als »Green Town« in einigen seiner Werke verewigt. Sein literarischer Nachlass ist dort in der Stadtbibliothek archiviert.

Die 3,5 Meter hohe Edelstahlskulptur, die vor der Stadtbibliothek steht, zeigt Bradbury mit einem Buch in der Hand auf einer Rakete sitzend. Der Denkmalentwurf stammt von Zachary Oxman. Oxman ist in seiner Heimat ein gefragter Metallbildhauer und hat unter anderem im Auftrag von Präsident Barack Obama das offizielle Gastgeschenk der USA für Papst Franziskus geschaffen.

Der *Fantastical Traveller*, so nannte Oxman sein Werk, war nicht ganz billig, von 125.000 Dollar ist die Rede. Das Geld kam durch Spenden zusammen. Für Spender gab es daher besondere Anreize. Wer mindestens 150 Dollar gab, erhielt ein Buch aus Bradburys Nachlass. Wer *Fahrenheit 451* haben wollte, musste mindestens 10.000 Dollar geben; für *The Martian Chronicles* reichten schon 1000 Dollar (Es müssen also genügend Belegexemplare vorhanden gewesen sein). Die Namen der Spender, die mehr als 500 Dollar gegeben haben, wurden auf dem Denkmal verewigt.

Ich habe mich gefragt, ob auch anderen SF-Schriftstellern ein Denkmal gesetzt wurde. Eine nur flüchtige Internetrecherche hat einige Treffer ergeben. Es ist sicherlich kein Wunder, dass darunter die beiden »Väter« der modernen SF zu finden sind: der Franzose Jules Verne und der Engländer H. G. Wells.

Jules Verne (1828-1905) wurde gleich mehrfach geehrt. In seiner Heimatstadt Nantes wurde ihm bereits 1910 ein Denkmal gesetzt. Es zeigt eine Büste des Schriftstellers auf einem hohen Sockel. An dessen Fuß sitzen eine Frau und ein Junge und schmökern in einem Buch. Ein ähnli-

 52

ches Denkmal ist in Amiens zu finden, wo Verne 1905 starb und begraben liegt. Entworfen wurde es 1909 von Albert Roze, der schon 1907 das Grabmal in Amiens gestaltet hatte und dabei auf die Totenmaske des Schriftstellers zurückgreifen konnte: Verne scheint mit ausgestreckten Arm aus seinem Grab auszubrechen.

Am Jules-Verne-Museum in Nantes sitzt seit 2005 der junge Jules auf einer Bank. Ein paar Meter vor ihm steht Kapitän Nemo, Hauptfigur aus dem Roman *20.000 Meilen unter dem Meer*, mit einem Sextanten in der Hand und blickt in die Ferne (das Meer ist von Nantes nicht zu sehen; die Stadt liegt mitten in Frankreich an der Loire). Das Ensemble wurde von Elisabeth Cibot geschaffen. An Vernes Geburtshaus ist eine Plakette mit seinem Portät angebracht.

Anlässlich des 100. Todestags des Franzosen wurde ein Verne-Denkmal des örtlichen Bildhauers José Molares in Vigo in Nordwestspanien aufgestellt. Der Schriftsteller sitzt auf einer Bank aus Oktopustentakeln und sieht aufs Wasser. Die Bucht von Vigo wird in *20.000 Meilen unter dem Meer* erwähnt und wurde von Jules Verne auf einer seiner ausgedehnten Segeltouren besucht. Am Nordende der Bucht von Vigo, auf halbem Weg zwischen der Ortschaft Cesantes und der Insel San Simon, steht seit dem Jahr 2004 Kapitän Nemo persönlich (Künstler: Ramón Lastra und Sergio Portela). Ein Teil des Denkmals, zwei Taucher, ist nur bei Niedrigwasser zu sehen. Ebenfalls 2005 wurde im Hof der geistes- und sozialwissenschaftlichen Fakultät der Université De Picardie Jules Verne in Amiens zu Vernes Ehren eine Gedenksäule mit seinem Abbild aufgestellt.

An Vernes Roman *In 80 Tagen um die Welt* erinnert seit 2015 ein Denkmal von Falin Valiullin in der russischen Stadt Nischni Nowgorod: Verne steht mit einem Fernrohr in der Hand im Korb eines Heißluftballons.

53

H. G. Wells (1866-1946) wird in der englischen Stadt Woking, wo er einige seiner wichtigsten Romane verfasste, mit einer Statue von Wesley Harland geehrt. Er sitzt mit überschlagenen Beinen auf einem Stuhl und betrachtet ein Modell des kugelförmigen Raumschiffs aus dem Roman *The First Men in the Moon* (*Die ersten Menschen auf dem Mond*), das er in seiner ausgestreckten linken Hand hält. Ganz in der Nähe von Woking, auf der Gemeindeweide von Horsell Common, ließ Wells seine Invasoren in *The War of the Worlds* (*Krieg der Welten*) landen. Mitten in der Stadt, unweit des H. G. Wells Conference & Events Centre, steht *The Martian*, eine der dreibeinigen Maschinen, mit der die Marsianer im fiktiven England Angst und Schrecken verbreiteten, geschaffen von dem Bildhauer Michael Condron. Ein paar Schritte entfernt symbolisiert eine aus dem Boden ragende Steinskulptur das zylindrische Geschoss, mit dem Wells die Invasoren auf die Erde kommen ließ.

An die legendäre Hörspielfassung dieses Romans von Orson Welles aus dem Jahr 1938 wiederum erinnert eine Gedenktafel in Grovers Mill in New Jersey, wohin Welles die Landung verlegt hatte. Auf der Tafel zu sehen sind eine fliegende Untertasse, aus der Tentakeln ragen, Orson Welles an einem Dirigentenpult und eine dreiköpfige Familie, die sich vor einem Radio versammelt hat.

Ebenfalls von einem Wells-Roman - *The Invisible Man* - inspiriert ist ein Denkmal in Jekaterinenburg in Russland, geschaffen von Yevgeny Kasimov und Alexander Shaburov. In der Bronzeplatte sind zwei Fußabdrücke zu sehen. Nur aus einem Granitsockel besteht das Denkmal für den *Unsichtbaren* in St. Petersburg. Angeblich steht das Denkmal dort seit 1892; der Roman wurde fünf Jahre später veröffentlicht.

Im Borissiak-Institut für Paläontologie der Russischen Akademie der Wissenschaft in Moskau steht eine Büste

von Iwan Jefremow (1908-1972). Damit wird aber dessen Leistung als Wissenschaftler gewürdigt, nicht die als Autor. Zu seinen bekanntesten SF-Werken gehört Туманность Андромеды (*Das Mädchen aus dem All*, auch unter dem Titel *Andromedanebel* veröffentlicht) von 1958.

Welche Kandidaten für ein Denkmal gibt es noch? Und was ist mit den Frauen? Hätte nicht zumindest Mary Shelley, die Autorin von *Frankenstein oder Der moderne Prometheus*, ein Denkmal verdient? Das *Shelley Memorial* in Christchurch in Dorset/England erinnert zwar an Mary Shelley und ihren Mann Percy, der 1822 in Italien mit einem Segelboot kenterte und ertrank, nennt aber nur Percy einen »poet«, während Mary als »his wife« verewigt ist. Tatsächlich ist es ein Grabmal, kein Denkmal (und steht kurioserweise weder an der letzten Ruhestätte von Percy Shelley in Rom noch an Marys Grab in Bournemouth).

Welchen deutschen SF-Schriftsteller würde man mit einem Denkmal ehren? Kurd Laßwitz? Hans Dominik? Die Perry Rhodan-Erfinder Karl-Herbert Scheer und Walter Ernsting alias Clark Darlton? Wolfgang Jeschke?

2001 wurde am Gymnasium Ernestinum in Gotha eine Büste von Kurd Laßwitz (1848-1910) enthüllt (Künstler: Rüdiger Wilfroth). Dort war der Schriftsteller, dessen Roman *Auf zwei Planeten* (1897) als einer der wichtigsten deutschen SF-Romane gilt, von 1876 bis zu seinem Tod Lehrer für Mathematik, Physik, Philosophie und Geografie. Am Eingang des Schulgebäudes erinnert eine Gedenktafel an ihn. 1998 gab die Astronomische Gesellschaft (AG), der Fachverband der deutschen Astronomie/Astrophysik, eine Gedenkmünze zu seinen Ehren heraus.

Hans Dominik (1872-1945) war in Gotha Schüler von Kurd Laßwitz und der bedeutendste deutsche SF-Schriftsteller in den 1920er und 1930er Jahren. Der Verfasser technischer Zukunftsromane wie *Atomgewicht 500* oder

Der Brand der Cheopspyramide hat es aber nur zu einer Gedenktafel an seinem letzten Wohnsitz an der heutigen Bogotastraße in Berlin-Zehlendorf gebracht.

In gewisser Weise können Straßennamen als Denkmale betrachtet werden; auch sie dienen der Erinnerung. Ich bin bei meinem Recherchen allerdings nur auf vier Namen gestoßen. In Gotha wurde ein Fußweg am Schloss Friedenstein nach Kurd Laßwitz benannt. In Berlin-Lichtenrade trägt eine Stichstraße den Namen von Paul Scheerbart (1863-1915), der durch seine avantgardistischen Romane wie *Die große Revolution* oder *Lesabéndio* bekannt ist. In sechs ostdeutschen Städten gibt es Straßen, die nach Bernhard Kellermann (1879-1951) benannt wurden. Der Verfasser von *Der Tunnel* war nicht nur Schriftsteller, sondern auch hoher Kulturfunktionär und Abgeordneter in der DDR. Seit Kurzem trägt eine Straße in einem Neubaugebiet im hessischen Friedrichsdorf den Namen Karl-Herbert-Scheer-Straße. Scheer lebte von 1958 bis zu seinem Tod 1991 in der Stadt nördlich von Frankfurt.

Ein Phantast, dieser Schmidt

Ich bin lange nicht auf die Idee gekommen, Erzählungen und Romane von Arno Schmidt könnten Science-Fiction sein. Für mich war sein Werk wegen des unkonventionellen formalen Aufbaus, der kreativen Ortografie, der aktuellen Bezüge zur Zeitgeschichte und des oft harschen Tons seiner Urteile über andere Schriftsteller und deren Werke aufregend. Dabei bin ich durch denselben inzwischen Ex-Schulkameraden auf Schmidt aufmerksam gemacht worden, von dem ich als Zwölfjähriger zum ersten Mal ein Perry Rhodan-Heft in die Hand gedrückt bekommen habe.

Schmidts Werk gilt als schwierig. Viele halten es für unlesbar und unverständlich – nachvollziehbar bei Sätzen wie diesem aus *KAFF auch Mare Crisium*: »Abbärr niecht'och. – Wir waren sähr=froo, daß wir vielänn=vielänn Ballast ap=wärrfänn konntänn : Alles von Rällie=Gjohn und Gäo=Graffie. Viel Gä=schichde & Bio=Loggie. – Dafür : Moont=Reh=alien; Matte=Matiek; Natur=Wissänn=-Schafftänn.« [I,3,240][1] Schmidt selbst war sich dieser Kritik bewusst und machte sich darüber lustig. In einer fiktiven offiziellen Erklärung eines in Bargfeld, Schmidts Wohnort, ansässigen ebenso fiktiven »Individuumsschutzamts«, die dem Roman vorangestellt ist, heißt es: »Wer nach ‹Handlung› und ‹tieferem Sinn› schnüffeln, oder gar ein ‹Kunstwerk› darin zu erblicken versuchen sollte, wird erschossen.« [I,3,9]

Meine Haltung hat sich nicht erst, nachdem Schmidts Roman *Die Gelehrtenrepublik* im Herbst 2022 in einer von Thomas Franke in dessen typischer Art illustrierten Neuausgabe bei p.machinery, dem Hausverlag des Science-Fiction-Clubs Deutschland, erschienen war[2], geändert. Ich hatte schon vor einiger Zeit angefangen, in Schmidts Werken stärker auf die phantastischen Elemente, über die man gar nicht hinwegsehen kann, zu achten.

Dieser Phantastik-Einschlag kam nicht von ungefähr. Schmidt-Biograf Sven Hanuschek erkannte »frühe[n] Leidenschaften für phantastische Reisen«[3], die durch entsprechende Lektüre ausgelöst wurden. Etwa durch Robert Kraft (1869-1916), »dessen 5500 Seiten langer ‹Detective Nobody› noch mich Fünfjährigen entzückt hat« [II,3,190].

---

1 Alle Zitate aus Schmidts Werken sind, wenn nichts anderes angegeben ist, dem »elektronischen Findmittel« zur Bargfelder Ausgabe (https://www.arno-schmidt-stiftung.de/eba/search) entnommen und unter Angabe von Werkgruppe bzw. Supplemente, Band und Seitenzahl in der Form [I,3,240 oder Sup.,1,23] belegt. Informationen über die Aufteilung der Bargfelder Ausgabe und bibliografische Angaben gibt es hier: https://www.arno-schmidt-stiftung.de/Buecher/BargfelderAusgabe.html (abgerufen am 17.11.2022)

2 Arno Schmidt: Die Gelehrtenrepublik. Kurzroman aus den Roßbreiten. Illustriert von Thomas Franke. Winnert 2022.

3 Sven Hanuschek: Arno Schmidt. München 2022, S. 85

Diese doch etwas herablassende Bewertung – Kraft als Kinderlektüre – wird dadurch relativiert, dass Schmidt anerkennend »vom dem, unleugbar vorhandenen, Reiz des grillenhaften Mannes« [II,3,190] spricht.

Schmidt kannte sich mit der Phantastik des 18. bis frühen 20. Jahrhunderts und deren Autoren aus. Über sie und ihre Werke wird in den Romanen meistens nur geredet oder reflektiert; konkrete Anleihen – Schmidt hat gerne Zitate verarbeitet – sind ohne genaue Kenntnisse dieser Werke kaum zu erkennen. Um den Einfluss dieser Autoren auf Schmidts Werk zu ermessen, bedarf es tiefer gehender Analysen, die zum Beispiel im Bezug auf Jules Verne oder Kurd Laßwitz vorliegen[4].

Besonders intensiv befasste sich Schmidt mit Jules Verne (1828-1905): »Mein erstes ganz großes Bucherlebnis war, mit 6 Jahren, die ‹Reise zum Mittelpunkt der Erde› des Jules Verne.« [3,3,421] Er spricht von einem »Meisterwerk« und »einem Buch von glänzender Erfindung, dessen literarische Zeugungskraft überhaupt nicht abzuschätzen ist!« [II,1,340]. In Schmidts Bargfelder Bibliothek[5] finden sich 34 Werke des Franzosen, darunter zahlreiche französische Erstausgaben. Lektürespuren sind vor allem in *Die Schule der Atheisten* zu finden, ziehen sich aber durch sein gesamtes Werk. Die Propellerinsel aus Vernes gleichnamigem Roman (»doller technischer Optimismus!« [I,2,31]) ist Vorbild für die schwimmende Insel in *Die Gelehrtenrepublik*. In diesem Roman nimmt Schmidt seine Verehrung für Verne auf die Schippe: »Hier ein Medaillon, aus dem mir ein Vollbärtiger erheitert zusah : ‹Jules Verne›? – Nie gehört!« [I,2,286]

---

4 Bargfelder Bote. Materialien zum Werk Arno Schmidts. Lfg. 26: Kurd Laßwitz bei Arno Schmidt. München 1977. | Rudi Schweickert: Die Jules-Verne-Welten in Arno Schmidts »Die Schule der Atheisten«. München 2009.

5 Dieter Gätjens/Günter Jürgensmeier: Die Bibliothek Arno Schmidts. Bargfeld 1991/2003 (online unter https://www.arno-schmidt-stiftung.de/content/Archiv/Bibliotheksverzeichnis/BVZ_2003_09.pdf, abgerufen am 23.11.2022)

59 

Schmidt schätzte Kurd Laßwitz (1848-1910), der vielen als »Vater der deutschen Science-Fiction« gilt. Dessen Roman »»Auf zwei Planetn‹, hat viel an Mir, als Jungem, verschuldit« [IV,2,286]. Noch in Schmidts letztem Werk, dem Romanfragment »Julia, oder die Gemälde«, wird er erwähnt. Er besaß mehrere Bücher von Laßwitz, außer *Auf zwei Planeten* unter anderem die Kurzgeschichten-Sammlungen *Seifenblasen* und *Traumkristalle*. Die darin enthaltene Erzählung »Apoikis« spielt auf Tristan da Cunha, der Inselgruppe im Südatlantik, die Schmidt mit der »Insel Felsenburg« aus Johann Gottfried Schnabels (1692-1744/1748)

Arno Schmidt wurde 1914 in Hamburg geboren und wuchs in ärmlichen Verhältnissen auf. Nach dem Tod seines Vaters Otto, eines Polizisten, zog er 1928 mit seiner Mutter Clara und seiner Schwester Lucie nach Niederschlesien, woher die Mutter stammte. Nach dem Abitur begann Schmidt 1934 eine kaufmännische Lehre bei den Greiff-Werken in Greiffenberg (heute Gryfów Slaski in Polen). 1937 heiratete er seine Kollegin Alice Murawski. Drei Jahre später wurde Arno Schmidt zur Wehrmacht eingezogen. Nach dem Krieg entschloss er sich, freier Schriftsteller zu werden. Sein Erstling *Leviathan oder Die beste der Welten* erschien 1949. Jahrelang lebte das Ehepaar in ärmlichsten Verhältnissen. Schmidt hielt sich

gleichnamigem, von ihm geradezu verehrtem gesellschaftsutopischen Roman gleichsetzt.

Als Jugendlicher las Schmidt *Frau im Mond* von Thea von Harbou. In seiner Bibliothek findet sich eine Erstausgabe des 1928 erschienenen Romans mit dem handschriftlichen Datumsvermerk »Arno Schmidt 19.10.28«. Leider ist seine Vorkriegsbibliothek in den Wirren des Kriegsendes größtenteils verloren gegangen. Man wüsste doch zu gerne, was Schmidt als Schüler noch an phantas-

60

und seine Frau mit Honoraren für Übersetzungen und Radioessays über Wasser. Erst ab Mitte der 1950er Jahre verbesserte sich ihre Lage, und 1958 kauften Arno und Alice Schmidt ein Häuschen in Bargfeld in der Lüneburger Heide. Dort entstand 1970 unter anderem Schmidts Hauptwerk *Zettel's Traum*, ein mehr als 1300 Seiten im A3-Format umfassender Typoskript-Roman. Dieses Werk gilt nicht nur als einer der ungewöhnlichsten Romane überhaupt, sondern festigte auch den Ruf Schmidts als »unlesbarer Autor««. Arno Schmidt starb 1979 in Celle. Wer mehr über Schmidt und sein Werk erfahren möchte, dem sei die von Sven Hanuschek verfasste Schmidt-Biografie von 2022 empfohlen.

tischer Literatur gelesen hat.

Ein weiterer von Schmidt geschätzter Phantastik-Autor ist Edward Bulwer-Lytton (1803-1873), der vor allem durch seinen Roman *Die letzten Tage von Pompeji* bekannt wurde. Schmidt übersetzte zwei Romane des Engländers ins Deutsche. Bulwer-Lyttons Spätwerk *The Coming Race* (*Das Geschlecht der Zukunft*) beschreibt er in einem Essay so: »Bericht über eine unterirdische ‹Menschheit›, mit voll ausgebildetem (präziser: schon wieder leicht=gemäßigtem) Matriarchat, (und ergo sinkendem KulturPegel; so gereizt die Herren Damen das auch hören mögen); mit vielen hübschen Einfällen, die von anschließenden ZukunftsRomanciers nicht unbenützt gelassen worden sind.« [III,4,446] Diese sich Vril-ya nennenden Menschen verfügen über eine geheimnisvolle Kraftquelle, das Vril, durch die sie Gedanken lesen und alle Arten von Materie manipulieren können. Das Vril machte später »Karriere« bei den Theosophen, der okkulten Sekte um Helena Blavatsky. In ihrem 1888 erschienen Buch *The Secret Doctrine* behauptete sie, dass die Bewohner von Atlantis mit Hilfe des Vrils Kolossalbauten errichteten. Das Buch erwähnt Schmidt in *Zettel's Traum*: »Helena=Petrowna, (die sich BLAVATSKY nannte), berichtet in ›THE SECRET DOC-TRINE‹ [...] wie sie, irgndwo im Indischen, einen Auto=-Chthonen antraf, der vor einer Christus=Statuette das sei-nije ›verrichtete‹.« [IV,1,1022]

Überhaupt nicht angetan war Schmidt von Hans Domi-nik (1872-1945), dem wohl wichtigsten deutschen Verfas-ser von Zukunftsromanen der Zwischenkriegsjahre: »[W]enn's nach dem Geschmack des Volkes ginge, müßten Hans Dominik und Ganghofer – um gleich die Elendesten zu nennen – bleiben, und Shakespeare und Cervantes ge-hen.« [Sup.,1,23]

Gnädiger ging Schmidt mit einem anderen deutschen SF-Schriftsteller, Paul Scheerbart (1863–1915), um, des-sen Werke *Die große Revolution* und *Lesabéndio* die be-kanntesten sein dürften: »Daß ich, für meinen Teil, ihn, SCHEERBART, nicht mag, soll & darf weiter keine Rolle spielen; es gehört zur Fülle einer Literatur, daß es derlei bunte Projekteure mit beschränkter Haftung gibt, und der dafür anfällige Leserkreis ist größer, als man meinen wird.« [III,4,241]

In Schmidts Spätwerk tauchen zwei weitere große Au-toren der Phantastik auf: H. Rider Haggard (1856-1926) und H. P. Lovecraft (1890-1937). Haggard schrieb *The People of the Mist* (1894), der als erster Lost-World-Roman gilt. Schmidt ließ sich den Roman von einem Leser in Eng-land besorgen; 28 Haggard-Werke stehen in seiner Biblio-thek. Genüsslich schreibt Schmidt in *Abend mit Goldrand*: »Jetz ›entdekkn‹ se grad wieder den RIDER HAGGARD; bei dem's ja von Peniden und WeibsLandschaftn bloß so wim-melt: der ›Holly‹, der ›starke haarige Pavian‹, in der ›She‹. Der C. G. JUNG hat das Zeug als ›okkult‹ hochgelobt? : hätt' er nur mal, offnen Auges, ›King Solomon's Mines‹ ge-lesn! ›Shebas Brüste‹ kann er gar nich genug schildern.« [IV,3,290]

 62

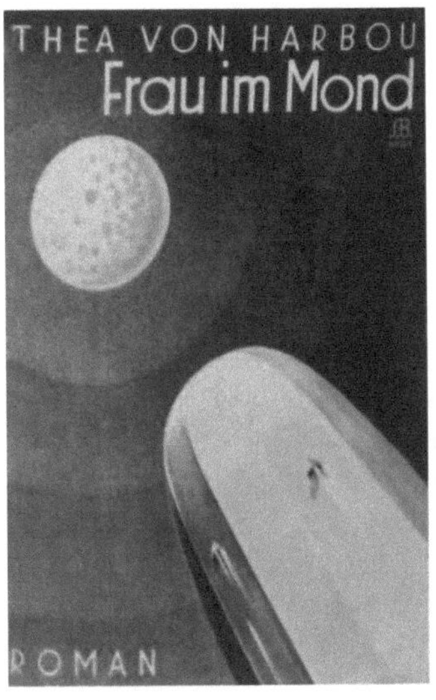

Als Jugendlicher las Schmidt den Roman „Frau im Mond" von Thea von Harbou.

Von Lovecraft besaß Schmidt *At the Mountains of Madness* auf Englisch und Deutsch, eine Briefe-Edition und die Biografie von Lyon Sprague de Camp. In *Julia, oder das Gemälde* bezieht er sich mehrfach auf den Amerikaner – »Lovecraft kannte weder Maß noch Ziel was ›Süßes‹ anbelangt: Eis; sein Kaffee war ein steifer Zuckerbrei; sonst ziemlich asketisch: Käse, oder ›crackers and milk‹; ein unüberwindliches Grauen hatte er vor sämtlichen MeeresProdukten« [IV,4,13] – und verweist en passant auch auf dessen rassistische Einstellung: »Der war doch späterhin, fast berüchtigt, pro=arisch?!« [IV,4,45]

Schmidt sah in Lovecraft womöglich so etwas wie einen Seelenverwandten. »Lovecraft, Briefe I 297. schwächlich + neurotisch (ähnlich wie ich (nur daß ich athletisch war) - menschenscheu bis zum Exzeß!«, notiert er auf einem Zettel [Z 8924][6]. Ein Zitat von Lovecraft – »All one can do at presten, is to fight the future as best as he can« – war sogar als Motto »für's Ganze!« vorgesehen [Z 297].

Der Begriff »Science-Fiction« war Schmidt bekannt, wie ein weiterer Zettel zu *Julia* zeigt: »Man kann, zur Probe, die Erzählungen der Romantiker jetzt einmal, umgekehrt, als horror tales, Science fiction, Krimis betrachten!« [Z 4835] Dazu zählte er »Dunsany; Machen, Blackwood;

---

6 Die Zettel [Z 8924] usw. sind zitiert nach: Susanne Fischer: »Julia, laß das!«. Frankfurt am Main 2021.

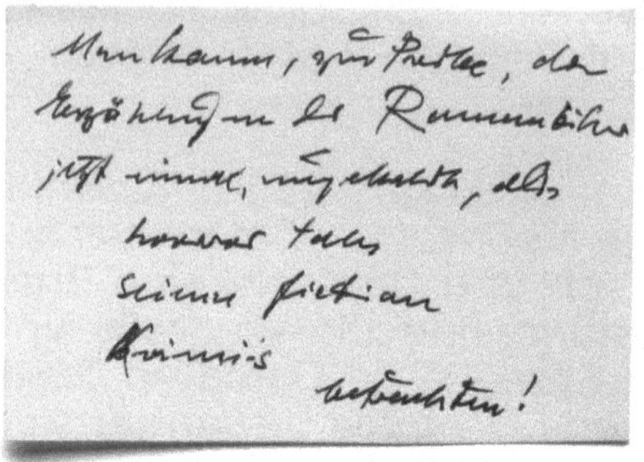

Mit »horror tales, Science fiction, Krimis« beschäftigte sich Arno Schmidt, als er am 31. März 1979 am Schreibtisch einen Schlaganfall erlitt.

Lovecraft etc.«[7] und bezeichnete ihre Werke als »Seitenzweig der Romantik« [Z 4836]. Mit diesem Komplex beschäftigte sich Schmidt, als er am 31. Mai 1979 bei der Arbeit einen Schlaganfall erlitt, an dessen Folgen er drei Tage später im Krankenhaus in Celle starb. Die genannten Zettel lagen auf seinem Schreibtisch.

Dass Schmidt Nachkriegs-SF gelesen hat, darf bezweifelt werden. Aber er wird davon Kenntnis gehabt haben, denn er lebte nicht von der Welt abgeschottet, er wusste von den »heute die Kiosk=Fenster bevölkernden bunt=broschierten Heftchen« [III,2,155], schrieb über »genau jene Opiate des 4. Standes, von denen es auch in unsern Kiosken=Kloaken wimmelt« [III,4,187] und verachtete den »naive[n] Leser niederer Gattung« [II,2,3], der zu diesen Produkten des Literaturbetriebs griff.

Kommen wir zu Schmidts eigenen Werken und der Frage: Hat er SF geschrieben? Ja, findet zum Beispiel Biograf Hanuscheck: »Trotz seines Bekenntnisses zur Form und zur Darstellung von Alltag hatte Schmidt keine Mühe, Bücher mit originellen Handlungen, satirisch-farcenhafte Science-Fiction zu schreiben.« Im Ausland wird er »viel-

---

7 Das sind außer den bekannteren Algernon Blackwood (1869-1951) und H. P. Lovecraft (1890-1937) deren Schriftstellerkollegen Edward Plunkett, der 18. Baron Dunsany (1878-1957), und Arthur Machen (1863-1947).

fach als eine Art progressiver Science-Fiction-Autor gelesen, vergleichbar mit Stanislaw Lem, den Strugatzki-Brüdern oder neuerdings auch mit Philip K. Dick«.[8]

In einem literaturwissenschaftlichen Fachartikel müsste spätestens jetzt eine Definition des Begriffs SF erfolgen. Als Nicht-Literaturwissenschaftler verzichte ich darauf und teile als Leser die Damon Knight zugeschriebene Feststellung: Science fiction »means what we point to when we say it«[9] – SF ist, was wir dafür halten. Einiges von Schmidt würde allerdings sogar Darko Suvins Forderung[10] nach einem Novum und der kognitiven, also die Erkenntnis fördernde Entfremdung als Zeichen für (gute) SF erfüllen. Man muss sich einfach von der Vorstellung lösen, dass SF nur ein bestimmtes Genre der Unterhaltungsliteratur ist und irgendwie in die Tradition von Asimov, Heinlein oder Clarke steht.

Es sind sechs Erzählungen und Romane Schmidts, die als SF oder zumindest SF-haltig gelten können: *Schwarze Spiegel* (1951), *Tina oder Über die Unsterblichkeit* (1954), *Goethe und einer seiner Bewunderer* (1957), *Die Gelehrtenrepublik* (1957), *KAFF auch Mare Crisium* (1960) und die *Schule der Atheisten* (1972). Die Werke haben ein gemeinsames, für die SF der ersten Nachkriegszeit typisches Motiv: den bevorstehenden oder stattgefundenen Atomkrieg, der die Erde oder Teile davon, in erster Linie Europa, unbewohnbar gemacht hat.

Nach einem Atomkrieg fährt der namenlose Ich-Erzähler in *Schwarze Spiegel* auf der Suche nach Proviant und Munition zum Jagen »à la Herr der Welt« [1,1,202] mit dem

---

8 Friedrich Rathjen: Internationale Kontextualisierung und Kanonisierung Arno Schmidts - in: Dunker, Axel/Kyora, Sabine (Hg.): Arno Schmidt und der Kanon. München 2015, S. 33.

9 Damon Knight: In Search of Wonders. Chicago 1956, S. 1.

10 Darko Suvin: Poetik der Science Fiction. Zur Theorie einer literarischen Gattung. Frankfurt am Main 1979.

Fahrrad durch die südliche Lüneburger Heide. Es ist eine menschenleere, postapokalyptische Landschaft, die er emotionslos beschreibt: »Wie immer: die leeren Schalen der Häuser. Atombomben und Bakterien haben ganze Arbeit geleistet... Im ersten Stock lag fast ein Dutzend Gerippe, Männer und Frauen (an den Beckenknochen kann man unterscheiden.)« [1,1,202]. Er hat sich mit seiner Lage arrangiert: »Seit fünf Jahren hatte ich keinen Menschen mehr gesehen, und war nicht böse darüber.« [1,1,203] Irgendwo bei Cordingen (Schmidts Wohnort von 1945 bis 1950) entdeckt er ein britisches Verpflegungsdepot (»da lag Vorrat für 10 Jahre!« [I,1,215]). Ein bisschen wie Robinson auf seiner Insel baut er ein Haus und richtet sich ein. Eines Tages trifft er auf Lisa, die sich wie er mit dem Rad durchgeschlagen hat. Beim Ich-Erzähler übernehmen gleich die Hormone die Kontrolle (»mein Gott, ich habe 8 Jahre keine Frau mehr gesehen!« [I,1,241]), und auch Lisa hat Bedürfnisse: »wir küßten uns Feuer aus den Gliedern; sie nahm mein Ohr in den Mund und flüsterte Gesetzloses, bis wir es taten.« [I,1,250] Aber die Hoffnung des Erzählers, Lisa an sich zu binden, ist vergebens. Nach wenigen Tagen schwingt sich die Frau auf ihr Rad und zieht weiter.

Der *Schwarze Spiegel* ist weitgehend konventionell geschrieben, es gibt eine halbwegs durchgängige Handlung. Schmidts spätere formale und ortografische Experimente deuten sich aber schon an.

In der phantastischen Erzählung *Tina oder Über die Unsterblichkeit* wird der, im Unterschied zu Arno Schmidt, unverheiratete gleichnamige Schriftsteller und Ich-Erzähler von einem Unbekannten eingeladen, für 36 Stunden das »Elysium« zu besuchen und »dieses ‹Fortleben nach dem Tode› mal in natura« [I,2,169] zu erleben. Durch einen getarnten Aufzug in einem Zeitungskiosk begeben sie sich in den Untergrund von Darmstadt. Begleitet werden sie von Tina, der Kioskfrau, die noch im Fahrstuhl mit dem Erzähler anbandelt; später landet er in ihrem Bett (meistens

66

wird bei Arno Schmidt nicht lange gefackelt, aber um seine sexuellen Phantasien und Obsessionen kümmern wir uns jetzt nicht).

Kaum in dieser Unterwelt angekommen entdeckt er ein ihm bekannt vorkommendes Gesicht: »Sah der Eine, Große, nicht frappant wie Löns aus?« [I,2,171] Wenig später läuft ihm offenbar James Fenimore Cooper über den Weg. Das Mysterium wird bald von dem Unbekannten gelüftet: »Jeder ist so lange zum Leben hier unten verdammt, wie sein Name noch akustisch oder optisch auf Erden oben erscheint.« [I,2,174]. Das betrifft jeden, nicht nur Schriftsteller; selbst Tiere werden davon nicht verschont. Dem Kater Hiddigeigei, in Joseph Victor von Scheffels *Der Trompeter von Säckigen* verewigt, »fehlen nur die unsterblichen Mäuse« [I,2,175], weiß der Unbekannte, der sich als Christian August Fischer (1771-1829) alias Christian Althing vorstellt und seit seinem körperlichen Tod schon mehr als 100 Jahre in der Dichtervorhölle verbracht hat. Bei Tina handelt es sich um die Schriftstellerin Katharina Therese Zitz geb. Halein (1801-1877), die hier im Körper einer etwa 40-Jährigen in Erscheinung tritt (die Noch-nicht-Toten können sich ihr Alter aussuchen).

Der Witz an Schmidts Elysium ist, dass es scheinbar wie ein völlig normales Gemeinwesen funktioniert. Es gibt Geschäfte (Edgar Allan Poe führt einen Möbelladen – einer von vielen Insiderwitzen; Poe verfasste 1840 eine Abhandlung über Inneneinrichtung, *The Philosophy of Furniture*), Cafés und Hotels, eine Registratur dokumentiert alle Namensnennungen in der realen Welt, die Neuankömmlinge bekommen Personalausweise und einen Wohnort zugewiesen: »Die Unberühmten – die große Mehrzahl – die nur in standesamtlichen Eintragungen vorkommen, werden in umfangreichen Barackenlagern untergebracht, wo sie die 100, 200 Jahre bis zu ihrem endgültigen Tode zubringen.« [I,2,176] »Ewige« wie Althing, Tina & Co. haben sich eingerichtet und warten auf die Nachricht, dass der allerletzte Namenseintrag getilgt wurde. Alles ist bestens organisiert, und man kann es sich gut gehen lassen. Sogar das Wetter wird kontrolliert.

Tina ist eine Art antiutopisches Märchen. Es hat alle typischen Merkmale einer klassischen Utopie: den Reisenden, die Insellage (Elysium heißt die Insel der Seligen der griechischen Mythologie), einen Mentor bzw. eine Mentorin, die den Reisenden herumführt. Aber eine Idylle ist die Unterwelt nicht, im Gegenteil, alle wollen raus, ins Nichts: »Futsch ! Auf ewig verschwunden !« [I,2,184]

Ebenso humorvoll, aber nicht so leichtfüßig wie *Tina*, sondern sarkastisch-pessimistisch ist *Goethe und Einer seiner Bewunderer*. Da heißt es schon nach wenigen Zeilen: »Walther von der Vogelweide hatte sich arg darüber beklagt, daß die Germanisten das Mittelhochdeutsche so komisch aussprächen.« [I,2,191]. Aber geht es nicht um Goethe? Doch: »Endlich war es gelungen, Tote wieder lebendig zu machen.« [I,2,191] Für 15 Stunden führt der Ich-Erzähler, Arno Schmidt selbst, von der Akademie mit 66 Mark Verpflegungsgeld ausgestattet, Johann Wolfgang von Goethe durch die Stadt. Sie gehen in ein Kaufhaus, essen Bockwurst, reden bei Schmidt zu Hause über Literatur, die Geschichte nach Goethes Tod, die Entwicklung der Wissenschaft und einen drohenden Atomkrieg, trinken Kaffee und mehrere Flaschen Wein und fahren schließlich mit der Straßenbahn zum Hauptbahnhof. Im Bahnhofsrestaurant ist Goethes Zeit rum, und »[v]or meinen geschwollenen Pupillen entstand ein Wirbel aus Gelb und Wand; ich schlug einmal mit der Handkante durch : da wurde er blasser.« [I,2,217] Mehr als »was Undeutliches, wie Cartesische Wirbel« [I,2,202] ist später auch auf den Fotos nicht zu sehen, die Schmidts Frau Lilli von Goethe gemacht hat.

Als Schmidt und Goethe, noch in Schmidts Arbeitszimmer, über »die einzige Rettung der Menschheit« brain-

Arno Schmidts „Gelehrtenrepublik" spielt in einer Welt nach dem Atomkrieg. Hier das Umschlagbild der Erstauflage von 1957.

stormen [I,2,210-213], phantasieren die Schriftsteller über »Pantex«, den »Allseher«, ein Überwachungssystem wie aus einem amerikanischen Pulp-Magazin der 1920er/1930er Jahre: Jeder kann damit jeden selbst im hintersten Winkel beobachten, niemand kann mehr etwas verheimlichen, alles wird gut. Vorausgesetzt, es ist hell genug. Denn Pantex beruht auf einem Energiegemisch aus Raum, Zeit und Licht, das allgegenwärtig wie die Schwerkraft und deshalb von allen nutzbar ist. Nur im Dunkeln »unter 13 Grad Schmidt« ist gut munkeln, da »wird natürlich grob gesündigt«. Das Ganze ist von Schmidt über mehrere Seiten so detailreich ausgeführt, dass es sich fast wie ein Storyexposé liest; sogar die Gebühr für die jedem Haushalt vorgeschriebene Pantex-Installation ist mit »4 Mark 50« festgelegt.

Von Schmidts Werken kommt *Die Gelehrtenrepublik* von 1957 einem SF-Genre-Roman am nächsten. Es gab angeblich sogar Pläne für eine Verfilmung als »eine Art actionreiches SciFi-Spektakel«[11]. Wie *Schwarze Spiegel* spielt der »Kurzroman aus den Roßbreiten« (das Gebiet zwischen dem 25. und 35. Breitengrad) nach einem verheerenden Atomkrieg. Europa ist verstrahlt und unbewohnbar. Der

---

11 Giesbert Damaschke: Wie die ›Gelehrtenrepublik‹ beinahe verfilmt worden wäre - in: ASml-News vom 10. November 2008 (online unter https://www.asml.de/index.php?id=44, abgerufen am 23.11.2022)

Mond ist zum rot leuchtenden Atombomben-Endlager geworden: »In den Krater Wargentin, im Süden, hatten beide Staaten, USA und UdSSR, angeblich ihr ‹gesamtes spaltbares Material› geschossen – jeder genau 2000 Bomben – und das Ergebnis war ein rechter Halemaumau in jener Wallebene gewesen, auch bei Neumond sichtbar.« [I,2,230] Halema'uma'u ist ein Vulkan auf Hawaii.

In Nordamerika verläuft ein von hohen Mauern begrenzter, atomar verseuchter Korridor, der »Hominidenstreifen« [I,2,16], über eine Länge von 4000 Meilen in Nord-Süd-Richtung. Durch die Strahlung ist es in diesem Sperrgebiet zu Mutationen gekommen: »... es waren, und vielfache, Kombinationen von Menschenformen einer= sowie Insekten und Huftieren andererseits aufgetreten.« [I,2,237]: Zentauren wie in der griechischen Mythologie und die »Never=nevers«, einen halben Meter durchmessende Riesenspinnen mit einem Menschenkopf und tödlichen Klauen, die in Kakteendickichten in ihren Netzen auf Beute lauern. Die dritte Mutantenart sind die Fliegenden Masken, handtellergroße Menschenköpfe mit schmetterlingsartigen Flügeln, die angeblich »Knaben den ersten Samen (während des Schlafs)« aussaugen [I,2,254].

Die titelgebende Gelehrtenrepublik IRAS (International Republic for Artists and Scientists) ist eine über die Weltmeere fahrende riesige Plattform. Dort leben und wirken geniale Wissenschaftler und Künstler aus aller Welt in einem vermeintlich idealen Gesellschaft. Sie wird von den USA und der UdSSR gemeinsam verwaltet und ist in zwei Zonen eingeteilt.

Über die Gelehrtenrepublik soll der deutschstämmige Journalist Charles Henry Winer eine Reportage schreiben. Er wird mit einem Ballon im Hominidenstreifen abgesetzt und muss sich zu Fuß bis zur Küste durchschlagen, von wo ein Versorgungsschiff zur IRAS ablegt, die sich gerade im Nordpazifik aufhält. Dabei stößt er zuerst auf die Zentaurin

Thalja (mit der er binnen Kurzem Sex hat), trifft auf weitere Zentauren, begegnet Never-nevers und Fliegenden Masken. Mit Hilfe der Zentauren erreicht er wohlbehalten die westliche Mauer und das Schiff.

Im zweiten Teil des Romans lernt Winer die Gelehrtenrepublik kennen. Dort wird der Kalte Krieg aus Schmidts Gegenwart mit anderen Mitteln fortgesetzt. Der amerikanische und der sowjetische Inselkommandant setzen den Reporter als Spion und Vermittler in bizarren Entführungsfällen ein, wobei beide ihm freimütig Einblick in ihre Experimente geben. Die UdSSR verpflanzt Gehirne alternder Genies in junge Körper (einschließlich Geschlechtertausch) und die Gehirne der »Körperspender« in Hunde, die zur Spionage eingesetzt werden; die USA verlängern die Lebensspanne von Menschen durch Hibernation (Winterschlaf). Die Vermittlung scheitert, die beiden verfeindeten Seiten manipulieren den Antrieb der Insel so, dass sie ins Rotieren gerät und zu zerbrechen droht. Winer kann die Insel unbehelligt verlassen und in seine Heimat zurückkehren.

In *Kaff auch Mare Crisium*, veröffentlicht 1960, sind die phantastischen Elemente Fiktion innerhalb der Erzählung, »wo sich ein Pärchen während einiger Ferientage in Niedersachsen damit ergetzt, einen Traum vom Mond zu entwerfen; also zum Zeitvertreib ein längeres Gedankenspiel« [Sup.,2,34]. Das »Längere Gedankenspiel« ist bei Schmidt eine von vier grundsätzlichen Arten von Pro-

Ein Teil der Handlung von „Kaff auch Mare Crisium" spielt auf dem Mond.

71

sa (die anderen drei sind »musivischs Dasein«, »Erinnerung« und »Traum« [III,3,283]).

Die 1959 spielende Haupthandlung um Hertha Theuner
und ihren Verlobten Karl Richter, die seine Tante Heete in
der Lüneburger Heide besuchen, und die Handlung auf
dem Mond, im Mare Crisium, sind im Buch durch versetzte,
eingeschobene Spalten gekennzeichnet, eine Technik, die
Schmidt in seinem Spätwerk weiter ausbaut. Außerdem
wirft er endgültig die Standardrechtschreibung über den
Haufen. Wörtliche Rede wird meist lautmalerisch wieder-
gegeben (»Du häddz ihm ohne=weideres n Kuß gege-
ebm!« [I,3,103]), Wörter werden verballhornt (»Mettafü-
siek« [I,3,117]) oder silbenweise seziert und wieder zusam-
mengesetzt (»Roh-Mann-Tick« [I,3,115]).

In der Mondhandlung lässt Schmidt wieder einen Atomkrieg ausbrechen: »Auf der Erde ist doch aber auch plat-
terdinx Alles kaputt!« [I,3,19]. Auf dem Trabanten leben
1980 noch einige tausend Wissenschaftler aus den USA
und der UdSSR in zwei Siedlungen. Es herrscht Frauen-
mangel und deshalb eine geringe Geburtenrate. Die wenigen noch nicht schwangeren Frauen werden »propagan-
distisch bearbeitet« [I,3,32], damit sich das ändert.

Hauptfigur der Mondhandlung ist Richters bzw.
Schmidts Alter Ego Charles Hampden, ein Bibliothekar und
Schiefertafelmacher (auf dem Mond herrscht Mangel so-
wohl an Klo- wie auch Schreibpapier, man schreibt auf
Schiefertafeln, ungeachtet des Umstands, dass Schiefer
ein Sedimentgestein ist, das auf dem Mond nicht vorkommen kann). Erzählt wird vom Alltag Hampdens, von seiner
Arbeit, von einem Ausflug im »Raumantzuck« [I,3,144] in
ein Terraforming-Versuchsgelände, von den Rivalitäten
zwischen Amerikanern und Russen.

Zentrales Ereignis in der amerikanischen Mondkolonie
Dulles ist der Vortrag eines neuen Epos des amerikani-

schen Dichters Frederick T. Lawrence, einer Parodie auf die Nibelungensage, mit dem der Ausbruch des Dritten Weltkriegs verklärt wird. Das Personal des mittelalterlichen Heldengedichts taucht hier mit veränderten Namen und in neuen Rollen auf: Burgunderkönig Gunther verwandelt sich in General Grünther (auch »Könich« genannt), aus Hagen von Tronje wird Sergeant H. G. Trunnion, Kriemhild und Brunhild, die beiden Rivalinnen, werden zur Ex-Schönheitskönigin »Cream=Hilled« und zur »Schpeerwurfmeisterin Brown=Hilled«. Siegfried wird umbenannt in »Alabama=Dillert! [...] (Er schnitt natürlich grausam auf : wie er einen deutschen Tiger=Panzer mit dem Seitengewehr ‹abgefangen› hätte, ob der auch, drachengleich, Gift & Galle schpie« [I,3,80], erleidet aber das gleiche Schicksal wie sein literarisches Vorbild: Er wird von Trunnion auf Grünthers Geheiß auf einem Jagdausflug hinterrücks erschossen. Das Ganze endet in »Börrlin«, wo Grünther und sein Gefolge (als personifizierte Nato-Truppen) von »Cream-Hilled, (die natürlich 1 Kint von Dillert erwartete...)« [I,3,84] in eine Falle gelockt und umgebracht werden, wodurch »wegen 1 ‹Miss Germany› die ganze Welt in Flammen aufgehen mußte!« [I,3,86].

Der Roman enthält einige aktuelle Bezüge zur Weltraumfahrt. Erwähnt werden Wernher von Braun alias »ein weiland Rackeetist, n gewisser Brown« [I, 3,122] und »die unschätzbare russische Aufnahme von der Mondrückseite« [I, 3,12] durch die Sonde Lunik 3 am 7. Oktober 1959, wenige Tage bevor Schmidt mit der Niederschrift von »Kaff« begann.

Die Schule der Atheisten zählt zum Spätwerk und ist ein so genannter Typoskriptroman, das heißt, er wurde 1972 nur etwas verkleinert so veröffentlicht, wie ihn Schmidt auf seiner Triumph-Schreibmaschine im A3-Format geschrieben hatte. Eine gesetzte Ausgabe gibt es seit 1994. Hier entfalten sich Schmidts eigenwillige Poetik, Ortografie und Zeichensetzung vollständig. Die Handlung dieser

»Novellen=Comödie« in wenigen Sätzen zusammenzufassen, ist unmöglich. Ich beschränke mich deshalb auf ein paar für diesen Beitrag interessanten Aspekte, die keineswegs ausreichen, um einen Eindruck von der Komplexität dieses Werkes zu erhalten.

Die Schule der Atheisten hat zwei Erzählstränge. Die Rahmenhandlung spielt im Oktober 2014. Europa ist nach einem Atomkrieg weitgehend zerstört. Es gibt nur noch zwei bewohnbare Enklaven, die wie eine Art museales Reservat erhalten und von den Supermächten USA und China (nicht mehr die UdSSR!) kontrolliert und versorgt werden. In den Vereinigten Staaten herrscht ein radikales Matriarchat mit einer Präsidentin an der Spitze, China ist als Patriarchat organisiert. In der in Nordfriesland gelegenen amerikanischen Enklave, die von Friedensrichter William T. Kolderup verwaltet wird, kommt es in dessen Haus in Tellingstedt zu einem Treffen zwischen der amerikanischen Außenministerin Nicole Kennan und dem chinesischen Außenminister Yuan Schi Kai, bei dem es um die Zukunft der Reservate geht. Dabei unternimmt die Gesellschaft einen Ausflug auf die noch leicht radioaktiv verstrahlte Nordseeinsel Fanø. Auf dem Weg dorthin erzählt Kolderup davon, wie er 45 Jahre zuvor auf einer Schiffsreise im Pazifik Kennans Mutter Marjorie kennenlernte (nein, sie ist nicht seine Tochter). Dieser Rückblick ist als Binnenerzählung ebenfalls in Dialogform angelegt.

In diesem Text verstreut sind zahlreiche SF-Elemente zu finden, die aber für die Handlung unmittelbar keine Rolle spielen. Gleich am Anfang sinniert Kolderup: »Heutzutage muß man ja drauf gefaßt sein, daß eines schönen OktoberMorgens die RaumSonde, aus fernen Systemen, im Gartn steht; dem KompostHaufn BodnProbm entnimmt; und dann unverzüglich heim berichtet: ›ein Planet, ganz aus Mist!‹« [IV,2,11]. Das ist sicher witzig gemeint, hat aber, wie später ersichtlich wird, aus Sicht der Protagonisten einen ernsten Hintergrund.

Wir erfahren, dass es vor der nordfriesischen Küste »ne kleine UnterWasserSiedlung ... ›3 Kuppeln‹« gibt, zu denen die Post von »DelphinpostBotn« zugestellt wird [IV,2,48]. Zumindest die Amerikanerinnen betreiben Raumfahrt. Es ist von »Ephemerüden OrbitalStationen« [IV,2,48] und Überwachung durch Satelliten [IV,2,18] die Rede, die Delegationen reisen offenbar mit Raketen an (»Du, ob das sein kann? : daß Ich Unsre Rakete deswegn ›QUEEN KANDACE‹ getauft hab'« [IV,2,290]), und in Tellingstedt erhält Außenministerin Kennan die Nachricht, »daß, so=ebm, das 1. USA=Commando auf dem GANYMED gelandit sey: mit Erfolc« [IV,2,296]. Ganymed ist der dritte Mond des Jupiters und der größte im Sonnensystem. Erwähnt werden auch »Ungeheuer[n] von Jupiter Mars Saturn« [IV,2,162].

Es wird aber noch SF-mäßiger, denn es gibt offenbar eine Bedrohung durch Außerirdische: Geradezu beiläufig erfährt Kolderup in einem Telefonat, »daß in Tsche=Kiang das 2., unangenehm=änigmatische, Gerät von outre=Mars gelandet sein, und um=sich=rum gegreifert habm soll; (je=nun; es liegt scheinbar in unsrer MilchStraßnSystemLuft, diese unheimlich=gegnseitijn Besuchung'n)« [IV,2,116]. Später ist von »vom MARS eingeschlepptn, ›GRAGRA‹« die Rede, etwas, zu dem irdische Plagen im Vergleich »LUST=-SPIELCHEN« sind [IV,2,296]. »Gragra« hat Schmidt aus Laßwitz' *Auf zwei Planeten* übernommen, und das »Gerät von outre=Mars« könnte eine Anspielung auf die Invasoren in H. G. Wells' *Krieg der Welten* sein.

In Schmidts letztem, Fragment gebliebenen Roman *Julia, oder die Gemälde* ist das Phantastische ein wesentliches Element: Julia ist eine Gestalt des Barockgemäldes *Die vier Schwestern von Oranien* von Jan Myten, die aus dem Rahmen in die Romanwelt tritt und sich in einen der Protagonisten verliebt.

Hat Arno Schmidt SF geschrieben? Sicher nicht so wie zum Beispiel Philip K. Dick oder Stanislaw Lem. Seine End-

zeitszenarien passen eher in die Kategorie »slipstream« (= Windschatten), ein Begriff, den der US-amerikanische Autor Bruce Sterling prägte und der Werke der (post-)modernen Literatur meint, die SF-Elemente einsetzen (und umgekehrt) und sich sonst nicht klar zuordnen lassen.

Wer den phantastischen Schmidt kennenlernen möchte, sollte nicht gerade mit der *Schule der Atheisten* oder *Kaff* anfangen. Ich empfehle *Tina* und die *Die Gelehrtenrepublik*, durch deren Lektüre man ein Gefühl für Schmidts Erzähltechnik, seinen Stil und Tonfall bekommt. Zu entdecken gibt es eine eigenwillige Sprachwelt, die für viele fremdartiger erscheinen mag als so mancher Alien-Planet aus einem Science-Fiction-Roman. Aber, versicherte Schmidt einmal dem Mainzer Bibliothekar Claus Nissen, »ich bleibe grundsätzlich ›verständlich‹ – es gibt kein einziges Wort, bei mir, was Sie nicht ›verstehen‹ könnten!«[12]

---

12 Susanne Fischer/Bernd Rauschenbach: »Und nun auf, zum Postauto!!« Briefe von Arno Schmidt. Frankfurt am Mai 2013, S. 153 (zitiert nach https://mare-crisium.de/dokumente/briefe.php, abgerufen am 23.11.2022).

Ein Gründerzeit-Ausflug zum Mond

Vor 150 Jahren (1873) erschien in Wien das wahrscheinlich erste von einer Frau geschriebene deutschsprachige Werk, das Science-Fiction-Elemente enthält: *Die Deutschen und Engländer im Mond. Humoristisches Lustspiel in drei Acten* von Moderatus Diplomaticus. Hinter dem lateinischen Pseudonym, das man mit »bescheidener Diplomat« übersetzen kann, verbirgt sich die Dramatikerin Emilie Marchesa Bufalo della Valle.

Die Autorin wurde am 11. März 1828 als Johanna Constantia Katharina Emilie Schmidt in Hamburg geboren. Ihr Vater war der Kaufmann und königlich-württembergische Konsul Hermann Fri(e)drich Schmidt, der 1831 in den erblichen Adelsstand erhoben wurde und sich fortan von Schmidt-Secherau nennen durfte. Im Alter von 30 Jahren heiratete sie in Rom Marchese Andrea del Bufalo della Valle, Spross einer alteingesessenen italienischen Adelsfamilie. Im selben Jahr erschien noch unter ihrem Mädchennamen Emilie Constanze Schmidt im Stuttgarter Verlag Eduard Hallberger ihr erstes Buch, der Gedichtband *Ein poetisches Geschenck*. In den folgenden Jahren veröffentlichte Bufalo della Valle mehrere historische Dramen und Versepen auf Deutsch, Englisch, Französisch und Italienisch und war gelegentlich als Übersetzerin tätig. Das Todesjahr der Schriftstellerin ist unbekannt. Um 1898 lebte sie als Witwe an der Via Ancona in Rom. Soweit sich das ermitteln ließ, wurde ihr letztes Werk – das *Trostbuch: Ideal* mit »Cultur-Historische[n] Gedichte[n]« – 1904 von Forzani in Rom veröffentlicht.

Zahlreiche Anspielungen und Hinweise in *Die Deutschen und Engländer im Mond* lassen keinen Zweifel daran, dass Handlungs- und Entstehungszeit des Stückes identisch sind. Der tagesaktuelle Bezug ist offensichtlich. In der ersten Szene trifft sich eine achtköpfige deutsch-englische Gesellschaft in der Nähe des Berliner Tiergartens, von wo die »jedesmalige Mondexpedition« startet. Es sind Lord und Lady Noseby mit ihren erwachsenen Kindern Edgar und Helen, der preußische Major von Felsenheld mit seinen Kindern Friedrich, einem Leutnant, und Louise sowie seine Schwester, die Geheimrätin von Schwerdtfeger.

Das Äußere des Gefährts, das die Reisegesellschaft besteigt, wird in der Bühnenanweisung ausführlich beschrieben. Es handelt sich um »eine Maschine, eine Art Luftballon-Rundschiff, mit kleinem Dampfkessel unterhalb. Statt der Räder ist an jeder Seite ein großer Flügel. Vorn wie zurück, etwas seitwärts zwei kleine nach aufwärts gebogene Röhren, durch welche der Dampf geht, ohne die Flügel zu lädiren. Oben am Sitz-Rondel des Luftschiffes ein kurzer Flaggenstock mit der deutschfarbigen Fahne: Weiß, schwarz und roth. Gegenüber ein Flaggenstock mit Fahne, mit den Farben des Mondreiches: Weiß, blau und Gold; ein Compaß ist in Fronte des Schiffes, ein Steuer gegenüber. Oberhalb des Luftschiffes schwebt der große, mit starkem Netze umzogene Luftballon, a vier Doppel-Seilen das Schiff festhaltend. Dasselbe ist noch an den vier Ecken des plattformen Daches des Stationsgebäudes befestigt, welche gegen Ende der Scene gelöst

werden.« (S. 3) Auf das Innere des Gefährts wird nicht eingegangen; auch über die Fahrt zum Mond selbst wird kein Wort verloren.

Das Gefährt wird vom englischen Lord als Produkt deutscher Ingenieurskunst gelobt: »Hat sich schon als excellent bewährt.« (S. 6). Damit es den wohlhabenden und Luxus gewöhnten Reisenden auf dem Mond an nichts fehlt, hat der »Direktor der Mond-Expedition« Markbiß mit preußischer Gründlichkeit Vorbereitungen getroffen: »Daher trug ich Sorge, – daß gleich französische Modistinnen, – sowie Berliner Kleidermacher – heraufgesandt wurden. Auch Lectüre und Zeitungen, die jetzt indispensabel sind, mit all dem verschiedenen Larifari, ohne welchem die Leute – glauben – jetzt nicht leben zu können.« (S. 11)

Sogar das seinerzeit berühmte Wiener Orchester Eduard Strauß wird zum Mond geschickt, um für die angemessene Unterhaltung zu sorgen. Allerdings ist der Dirigent nur ein »Substitut«, denn »[w]eder der Kaiser von Oesterreich noch der Kaiser von Deutschland wollten, daß der wirkliche Eduard Strauß hier herauf käme; es sollte erst die Fahrt sicherer sein.« (S. 73)

Durch die Wahl eines auf eine Atmosphäre angewiesenen Fahrzeugs als Reisevehikel steht das Stück in einer langen Tradition. Lukian von Samosata schickte seine Mondfahrer in der um 160 n. Chr. geschriebenen *Wahren Geschichte (Ἀληθῆ διηγήματα)* mit einem gewöhnlichen Segelschiff los. 1790 ließ Carl Ignaz Geiger (1756 – 1791) einen Ballon für die *Reise eines Erdbewohners in den Mars* aufsteigen, und Edgar Allan Poe (1809 – 1849) verwendete 1835 in *The Unparalleled Adventure of One Hans Pfaall* (die erste Übersetzung ins Deutsche erschien 1882 als *Hans Pfaals wunderbare Reiseabenteuer*) einen Heißluftballon, um den Erdtrabanten zu besuchen. Er hing wohl der Vorstellung an, die zum Beispiel von dem Astronomen Franz von Paula Gruithuisen (1774 – 1852) vertreten wurde, dass

Der Mond war im 19. Jahrhundert bewohnt – Illustration für den sogenannten Großen Mondschwindel der New Yorker Zeitung THE SUN von 1835.

die Atmosphären der Erde und des Mondes ineinander übergehen.

Allerdings war es in der zweiten Hälfte des 19. Jahrhunderts wissenschaftlicher Konsens, dass zwischen Erde und Mond luftleerer Raum liegt, der mit Ballons oder Luftschiffen nicht überwunden werden kann. Deshalb feuerte Jules Verne (1828–1905) in *De la Terre à la Lune* von 1865 (1873 auf Deutsch als *Von der Erde zum Mond*) sein Raumfahrzeug mit einer Riesenkanone ab, um die Erdschwerkraft zu überwinden. Darauf nimmt Bufalo della Valle in ihrem Stück offenbar Bezug. Major von Felsenheld erinnert

80

seine Schwester vor dem Abflug: »Nun, da sind wir; hast ja immer nach dem Mond wollen, und da habe ich denn gesagt: ›Nun sollst Du auch wirklich hin und wenn ich Dich aus einer Kanone herausschießen sollte.‹« (S. 17)

Im 19. Jahrhundert herrschte weitgehend Einigkeit darüber, dass der Mond (und auch die übrigen Planeten im Sonnensystem) bewohnt sein dürfte. Bekannte Astronomen wie Friedrich Wilhelm Herschel (1738 – 1822) oder Johann Hieronymus Schroeter (1745 – 1816) richteten ihre Teleskope auf den Mond, um nach Leben zu suchen. Uneinig war man sich nur darüber, wie dieses Leben aussehen könnte. Oft unterschieden sich die Selenen (abgeleitet vom Namen der griechischen Mondgöttin Selene) nicht von den Erdenbewohnern. Bufalo della Valle war da keine Ausnahme: Ihre »Mondler« – unter anderem der Mondkönig und die Mondkönigin mit Gefolge – fallen nur durch ihre »eigenthümlich fantastische[r] Tracht« (S. 43) auf. Der Mondkönig »erscheint in reicher Kleidung mittelalterlicher Edelmannstracht« und »trägt eine Krone von goldenen Sternen, in deren Mitte ein goldener Halbmond ist, von graziöser Form« (S. 62).

Der Frage, wie es auf dem Mond aussieht, geht die Autorin aus dem Weg. Sie stattet zwar den Lord vor dem Abflug mit einer »Mond-Photographie [...] mit Mondbergen, große Schlucht, Krater dabei, mare nebbioso« aus und lässt die Gesellschaft, die auf dem Trabanten im Hotel »Zur Erde« untergebracht ist, sogar einen Ausflug mit »Fahrt auf dem Lago lunatico« (S. 91) unternehmen. Aber das wird vom Major nach der Rückkehr nur kurz in einem Satz erwähnt. Was vom Mond als Kulisse beschrieben wird, zum Beispiel beim Besuch eines Jahrmarkts, ist sehr irdisch.

Das einzige, was die Reisenden tatsächlich daran erinnert, dass sie sich auf einem anderen Himmelskörper befinden, ist ein physikalisch unmöglicher Schwerkraft-

Effekt. Weil die Anziehungskraft der Erde weitaus größer ist als die des Mondes, fallen alle leichteren Gegenstände der Erde entgegen, und da die Erde von der Mondoberfläche aus gesehen über dem Trabanten hängt, steigen losgelassene Taschentücher, Handschuhe oder Liebesbriefe nach oben.

Das war sicher als humoristische Einlage gedacht und nicht als ernst gemeinte physikalische Spekulation. Die Autorin gibt am Ende des Stücks Hinweise, wie das technisch umsetzbar ist: »Das durch die Anziehungskraft der Erde veranlaßte sich Emporschwingen der Gegenstände kann bei den kleineren leicht durch Guttapercha und ausgedehnten Gummi, wie man die kleinen Ballons täglich sieht, veranlaßt werden. Bei größeren Gegenständen, wie im II. Acte der Schirm des Mylord, kann Draht zu Hülfe genommen werden, der durch den Magnolien-Baum verdeckt ist. Im III. Acte gleichfalls.« (S. 128)

Dieser Einfall wird allerdings nicht konsequent umgesetzt. So werden etwa die Tassen, in denen der Gesellschaft Tee kredenzt wird, mit einer Kette an der Untertasse befestigt, damit sie nicht davontreiben, aber dass der Tee selbst ebenso aufsteigen könnte, wird ignoriert. Kurioser Höhepunkt dieser »Anomalie«: Dem feschen, aber auch zu Prahlerei neigende Lieutnant Friedrich, der beim Frühstück nur Augen für Miss Helen hat, fliegt das Brot davon: »Donnerwetter! Kann ich das Brod nicht fangen und habe doch im Krieg – so manches Andere – gefangen!« (S. 112). Da wird das Publikum gelacht haben (falls das Stück jemals aufgeführt wurde).

Der SF-Aspekt in Die *Deutschen und Engländer im Mond* darf jedoch nicht überbetont werden. Das »humoristische Lustspiel« hat vielmehr eine politischen Botschaft, die Mondfahrt dient als Staffage. Emilie Bufalo della Valle schrieb das Stück 1873, zwei Jahre nach Ende des deutsch-französischen Kriegs und Gründung des Deut-

 82

schen Reiches. Die politische Ausrichtung mag ein Grund dafür sein, dass die Autorin ein Pseudonym wählte. Zwei Jahre zuvor hatte sie allerdings ein »patriotisches Lustspiel« mit dem Titel *Deutsch-französischer Krieg* unter ihrem richtigen Namen veröffentlicht.

Das Mondreich kann als erstrebenswerte Utopie – mit einem klaren Seitenhieb auf Frankreich – verstanden, der Mondkönig als Vorbild speziell für den deutschen Kaiser gelesen werden: »Die Güter, die der Himmel mir verliehen, anwenden will ich sie zu meines Volkes Glück, dann strahlen sie verdoppelt und verzehnfacht mir entgegen. In frohem Wohlstand soll es sein; nicht übermäßigen Luxus soll es treiben, soll nicht wie ich's im Erdenblatte ›Ueber Land und Meer‹ gelesen, nach fränkischer Sitte, – vergeuden in herzlosem Jubel Gesundheit, Geld und Zeit.« (S. 62). *Ueber Land und Meer* war eine auflagenstarke Illustrierte, deren Herausgeber und Redakteur Eduard (von) Hallberger (1822 – 1880) war, Verleger des ersten Buches von Emilie Schmidt.

Bildung wird als Ideal gepriesen. Ebenso wichtig ist – angesichts der konfessionellen Gegensätze zwischen Katholiken und Protestanten im neu gebildeten Deutschen Reich – religiöser Frieden: »Und jene milden Christen will ich hier in meinem Reiche, wie einstmals sie auf Erden in den Katakomben weilten, doch nicht die Sorte von fanatischen, wie sie die Sanct Bartholomäus-Nacht uns zeigte.« (S. 63) Dass der Mondkönig ein Christ ist, wird als selbstverständlich angenommen.

Völlig unverhohlen wird mehrmals die aktuelle politische Lage in Spanien angesprochen. Dort war Anfang 1873 König Alfons I. zurückgetreten und die Erste Republik ausgerufen worden, die sich aber schon bald als instabil erwies. Kommentar des Majors: »Armes Spanien! bist auf dem Wege, noch Frankreich, zur Zeit der Commune, zu übertreffen. Ihre früher beigelegten Namen der allerchristlichsten Länder erscheinen nun als eine wahre Persiflage, ein ironisch schneidender Spott.« (S. 64).

Literarisch verbrämt wird dagegen von Emilie Bufalo della Valle der Wunsch nach einem harmonischen deutsch-englischen Verhältnis. Anfangs hält Major von Felsenheld dem englischen Lord noch vor: »Ja, aber damals, zur Kriegszeit, – haben die Engländer doch den Franzosen Patronen verkauft – gegen uns Deutsche!!« Im Laufe des Stückes entsteht zwischen den beiden Familien nicht nur eine gewisse Vertrautheit, sondern die jungen Leute kommen sich näher, und am Ende steht eine doppelte Verlobung. Eheschließung zur Festigung internationaler Beziehungen waren damals nichts Besonderes. England wurde in den 1870er Jahren von Königin Victoria regiert. Ihr Vater Edward Augustus entstammte dem Haus Hannover, ihre Mutter war Victoire von Sachsen-Coburg-Saalfeld. Verheiratet war sie mit ihrem Vetter Prinz Albert von Sachsen-Coburg und Gotha. Ihre Tochter Victoria war die Schwiegertochter des preußischen Königs Wilhelm, der 1871 zum deutschen Kaiser gekrönt worden war. Die englische Linie des Hauses Sachsen-Coburg und Gotha änderte seinen Namen während des Ersten Weltkriegs in Windsor.

Dass die Autorin ein Faible für England hatte, machen weitere Werke aus ihrer Feder deutlich. Schloss Ludlow, Schauplatz ihres Dramas *Ein Abenteuer auf Schloss Ludlow* von 1891, liegt in Westengland. 1892 schrieb sie einen Nachruf in Versen auf den Anfang des Jahres gestorbenen Prince Albert Victor Edward, Sohn des englischen Kronprinzen Albert Edward. Es gab auch eine private Beziehung: Ihr Neffe Edmund Christian von Schmidt-Secherau (1864 – 1903) lebte offenbar ab 1887 bis zu seinem Tod in London. Er war mit einer Engländerin verheiratet.

In der deutschen Literatur hat Emilie Bufalo della Valle keine erkennbaren Spuren hinterlassen. Der gründerzeitli-

 84

che Ausflug zum Mond blieb als SF-Werk einer deutschsprachigen Autorin ein Einzelfall im 19. Jahrhundert. Erst Anfang des 20. Jahrhunderts griffen Autorinnen wie Helene Judeich (*Neugermanien*, 1903), Rosa Voigt (*Anno Domini 2000*, 1909) oder Bertha von Suttner (*Der Menschheit Hochgedanken*, 1911) sowie nach dem Ersten Weltkrieg Annie Francé-Harrar (*Feuerseelen*, 1920; 2021 im Verlag Plan 9 wiederveröffentlicht) und Thea von Harbour (*Metropolis*, 1925; *Frau im Mond*, 1928) vermehrt zu phantastischen Stoffen.

Quellen

• Moderatus Diplomaticus: Die Deutschen und Engländer im Mond. Wien 1873 (digital: https://onb.digital/result/10562C4F)

• Rolf Löchel: Utopias Geschlechter. Gender in deutschsprachiger Science Fiction von Frauen. Sulzbach 2012.

• Sophie Pataky: Lexikon deutscher Frauen der Feder. 1. & 2. Band. Berlin 1898.
(digital: https://www.deutschestextarchiv.de/book/view/pataky_lexikon01_1898/; https://www.deutschestextarchiv.de/book/view/pataky_lexikon02_1898/)

• Erhard Oeser: Die Suche nach der zweiten Erde. Darmstadt 2009.

• Verschiedene Wikipedia-Seiten.

Vom Bodensee direkt zum Mond

In der Münchener Illustrierten Zeitung erschien 1925 *Der Schuß ins All. Ein Roman von morgen* von Otto Willi Gail in Fortsetzungen. Er gilt als erster Roman, in dem ein Raumflug technisch weitgehend realistisch geschildert wird. Gail ließ darin die erste Mehrstufenrakete ins All fliegen; bis dahin setzten die Autoren auf Kanonen (Jules Verne) oder die Schwerkraft aufhebende Stoffe (Kurd Laßwitz), die für diesen Zweck eher ungeeignet waren. Er beeinflusste damit eine ganze Generation von Science-Fiction-Schriftstellern. Zum Jahresende 1925 wurde der Roman in einer schön gemachten Ausgabe mit Illustrationen von Max Odoy im Bergstadtverlag Breslau herausgebracht und tausendfach verkauft.

Otto Willi Gail (1896-1956) studierte von 1918 bis 1920 Elektrotechnik und Physik in München und arbeitete dort als Wissenschaftsjournalist. Seinen Lebensunterhalt verdiente er bis zu seinem Tod als Reporter beim Bayerischen Rundfunk. Er kam Mitte der 1920er Jahre in Kontakt mit den fast gleichaltrigen deutschen Raketenpionieren Hermann Oberth und Max Valier. Oberth hatte 1923 das grundlegende Werk *Die Rakete zu den Planetenräumen* über Raketentechnik und Raumfahrt veröffentlicht, Valier

verfasste ein Jahr später dadurch angeregt *Der Vorstoß in den Weltenraum* als populärwissenschaftliches Sachbuch und beriet Gail bei dessen Romanprojekt. Alle drei gehörten dem 1927 gegründeten Verein für Raumschiffahrt an. Gail besaß also die entsprechenden Kenntnisse und Kontakte, um einen nach dem damaligen neuesten Stand der Wissenschaft und Technik realistisch wirkenden Roman zu verfassen. Er war neben Hans Dominik einer der Pioniere des deutschen Ingenieurromans, obwohl sein Werk sehr schmal ist. Gail schrieb zwischen 1925 und 1929 vier Romane, Dominik verfasste allein 20 SF-Romane.

Held im Roman *Der Schuß ins All*, der kurze Zeit nach Ende des Ersten Weltkriegs spielt, ist August Korf, Chefingenieur der staatlichen Luftkreuzer-Werft in Friedrichshafen am Bodensee. Korf, ganz Genie, hat ein Raumschiff entwickelt, aber es fehlen die nötigen Mittel, um es bauen zu lassen. Deutschland ist wegen des verlorenen Krieges verarmt und kann sich ein solches Projekt nicht leisten. Dabei schläft die Konkurrenz nicht: Der russische Ingenieur Dimitri Suchinow hat sich mit dem rumänischen Öl-Magnaten Vacarescu zusammengetan und arbeitet seinerseits in einem abgelegenen Tal in den Karpaten an einer Rakete.

Während Korf noch versucht, mit Unterstützung seines Schwagers, des Arztes Samuel Finkle, das Projekt zu finanzieren, gelingt Suchinow der Schuss zum Mond (auf

 88

die Idee, erst einmal jemand in einen Erdorbit zu schicken, ist wohl in der ganzen Literatur niemand gekommen). Allerdings stellt sich bald heraus, dass die Rakete des Russen mit dem Techniker Skoryna an Bord eine Fehlkonstruktion ist und im Mondorbit gefangen bleibt. Sie kann nicht zur Erde zurückkehren. Denn Suchinow hat auf die falsche Antriebstechnik, eine Feststoffrakete, gesetzt, während der geniale Korf längst flüssigen Treibstoff entwickelt hat, der doppelt so energiereich ist wie Suchinows Treibstoff.

Das Drama um den im Mondorbit gefangenen Piloten, der nur mit Lichtsignalen »S.O.S« morsen kann (Funksignale reichen nicht weit genug), kurbelt die Spendenbereitschaft des deutschen Volks für eine Rettungsaktion an. Ein Kredit Vacarescus spült weiteres Geld in Korfs Projekt, und er kann sein beeindruckendes Raumschiff bauen. Korf braucht nur wenige Monate, um es startklar zu machen. Er setzt dabei auf eine Mehrstufentechnik, genauso wie es rund 40 Jahre später Wernher von Braun bei der Entwicklung der Saturn-V-Rakete für das Apollo-Programm macht. Die Dreistufenrakete benennt Korf nach einer Gestalt aus der griechischen Mythologie: *Geryon* hatte drei an der Hüfte zusammengewachsene Leiber und wurde oft gerüstet mit drei Schwertern und Schilden sowie manchmal geflügelt dargestellt.

Im Unterschied zur Saturn-Rakete hebt Korfs Raumschiff nicht senkrecht ab (weil dafür der Treibstoff nicht energiereich genug ist), sondern die *Geryon* startet wie ein Flugzeug auf einer kilometerlangen Rampe am Ufer des Bodensees. Die Besatzung besteht aus einer von Expeditionsleiter Korf wenige Tage vor dem Start zusammengestellten Mannschaft – einschließlich eines Kochs und einer Ordonnanz, die die Herren (Frauen fliegen natürlich nicht mit) bedienen müssen. Das Raumschiff ist geräumig, es gibt eine Kabine für jeden Passagier, eine Kombüse und sogar einen Rauchersalon.

„Der Schuß ins All" mit einem Titelbild von Max Odoy erschien 1925.

Der *Schuß ins All* gelingt problemlos, und sofort nimmt die *Geryon* Kurs auf den Mond. Gail schilderte die Start- und Flugphase sehr realistisch, thematisierte Probleme und Anforderungen der Navigation, des Wärmehaushalt und der Schwerelosigkeit. Der Arzt Finkle, genannt Onkel Sam, schlüpft anstelle des Lesers in die Rolle des Laien und muss sich Korfs fachliche Erläuterungen anhören, die er mit allzu ahnungslosen Fragen herausfordert.

Gail schickte in seinem Roman nicht nur die erste Mehrstufenrakete auf die Reise, sondern ließ seine Protagonisten auch den ersten »Weltraumspaziergang« unternehmen. Wobei hier Spaziergang durchaus wörtlich zu nehmen ist. Denn gehüllt in unförmige Schutzanzüge aus Gummi, die durch ein Telefonkabel mit dem Raumschiff verbunden sind, spazieren die Besatzungsmitglieder immer wieder mal zum Vergnügen auf der Raumschiffhülle herum und lassen sich sogar ins All hinaustreiben. Außer mit dem Kabel, das auch als Sicherungsleine dient, hat Korf die Raumfahrer mit Pistolen ausgestattet. Mit dem beim Abfeuern entstehenden Rückstoß können sie ihre Bewegung steuern. Einmal versäumt es Onkel Sam, das Kabel einzustöpseln, verliert die Orientierung, verschießt seine Munition wirkungslos und wird erst in letzter Minute gerettet.

 90

Im Mondorbit kämpft die *Geryon* erst einmal selbst mit Schwierigkeiten, kann dann aber die havarierte Rakete Suchinows (der sich als blinder Passagier an Bord der *Geryon* geschlichen hat und vom Koch entdeckt wird) ansteuern und geht mit knapp drei Kilometer Sicherheitsabstand auf einen Parallelkurs. Die Rettungsaktion ist spektakulär: Mehrere Besatzungsmitglieder lassen sich zur Rakete treiben. Sie bringen ein Seil an, mit dem die Rakete zur *Geryon* gezogen wird. Dort wird eine von Korf vorbereitete Schleusenkammer angeschweißt, durch den ein Besatzungsmitglied, ausgestattet mit einem Reserveanzug, in die Rakete einsteigen und den verunglückten Piloten herausholen kann.

Obwohl Skoryna, wie Arzt Finkle verwundert feststellt, monatelang ohne Nahrung und Wasser auskommen musste, lebt der Techniker, ist aber völlig entkräftet. Die Frage, wieso monatelang ausreichend Atemluft vorhanden war, die sich dem Leser schon viel früher aufgedrängt hat, stellt allerdings niemand. Skoryna ist, für den Leser wenig überraschend, Suchinows Tochter und Korfs ehemalige Assistentin Natalka, in die der Ingenieur natürlich verknallt war, die allerdings auch sein Projekt ausspioniert und technische Details an ihren Vater verraten hat. Sie überlebt die Rückreise nicht. Die durch den langen Aufenthalt in der Schwerelosigkeit entkräftete junge Frau stirbt kurz vor der Landung auf dem Bodensee.

Das Buch ist ein Kind seiner Zeit. Die Handlung ist behäbig, ein richtiger Spannungsbogen fehlt, der Stil ist langatmig, die Dialoge sind gespreizt und umständlich, und die Beziehungen der Figuren untereinander sind oft von längst überholten und heute unverständlichen Konventionen bestimmt. Da muss man sich als Leser manchmal durchkämpfen, vor allem in den ersten Kapiteln, die noch auf der Erde spielen. Erzählerisch war der Roman sicher auch 1925 keine Offenbarung, aber immer noch besser als der Durchschnitt in dem Genre. Die Figuren sind allesamt blass und kaum durchgezeichnet, mit Ausnahme von Sam Finkle, der als einziger Initiative zeigt, aktiv wird und die Sache vorantreibt, während die vermeintliche Hauptfigur, der geniale Erfinder Korf, immer wieder den Anstoß von außen braucht.

In dem Roman kommen nur drei Frauen vor, treten aber kaum in Erscheinung: die Wirtin einer Weinstube in Friedrichshafen, eine halbseidene Tänzerin in Budapest, die Schwester Natalkas, und Natalka, die als fähige Ingenieurin, Spionin und Objekt der Sehnsucht zwar Eigenschaften mit Potenzial aufweist, aber für die Handlung eigentlich keine Rolle spielt. Ihr kurzer Auftritt am Ende des Romans reicht jedoch, Korf für seine »deutsche Gründlichkeit« und Zögerlichkeit den Kopf zu waschen und sich mit ihm auszusöhnen.

Das Buch erschien, als die phantastische Literatur politisch stark polarisiert war. Gail ist sicher dem nationalkonservativen Spektrum zuzurechnen, auch wenn er sich nie explizit politisch geäußert hat. Er gehörte zum Umfeld von Hermann Oberth, der mit den Nazis sympathisierte, in der Heeresversuchsanstalt Peenemünde arbeitete und nach dem Zweiten Weltkrieg einige Jahre Mitglied der NPD war, und sein Freund Max Valier war ein glühender Verfechter der Welteislehre von Hanns Hörbiger, die auch bei vielen Nazi-Größen wie Heinrich Himmler Anklang fand. Allerdings, nicht jeder Anhänger dieser esoterischen Lehre war automatisch ein Nazi.

Offenbar hat Valier, den Gail als »unerschrockene[n] Verteidiger der Kosmopilotie« bezeichnete, Anfang der 1920er Jahre auf der Suche nach Geldgebern versucht, Adolf Hitler in dessen Münchner Zeit für Raketen und Raumfahrt zu begeistern. Dieser soll ihn allerdings als »Träumer« bezeichnet haben. Das berichtete Walter Dornberger, von 1943–1945 Kommandeur der Heeresversuchsanstalt Peenemünde, unter Berufung auf Hitler in

 92

seiner Biografie, die 1952 erschien. Deren Titel lautet bezeichnenderweise *V2, der Schuß ins Weltall*. Valier starb 1930 bei einem Test mit einem Raketenauto in Berlin.

Es ist nicht auszuschließen, dass auch Gail Kontakt zu Hitler hatte. Dieser war wegen seiner Auftritte als Redner vor einem Massenpublikum in München stadtbekannt. Gail arbeitete nach der Machtergreifung Hitlers 1933 weiter beim Bayerischen Rundfunk, den die Nazi schon bald für Propagandazwecke einsetzten, und war dort unter anderem Leiter der Reporterschule.

Wer Gail wie Hans-Otto Hügel in seinem *Handbuch Populäre Kultur* pauschal zu den »völkisch orientierte[n] Autoren« zählt, tut ihm Unrecht. Er war, soweit sich das anhand seiner Veröffentlichungen sagen lässt, kein Chauvinist; es finden sich im *Schuß* jedoch zeittypische patriotische und antisemitische Töne.

Natürlich ist der geniale Erfinder August Korf ein Deutscher, »ein breitschultriger, blonder Hüne«, und der Konkurrent ein durch einen Gasunfall im Ersten Weltkrieg im

Gesicht entstellter, weniger talentierter Russe, der das »etwas jüdisch klingende Deutsch des Ostens« spricht. »Ostjude« war ursprünglich eine durch den jüdischen Publizisten Nathan Birnbaum geprägte reine Herkunftsbezeichnung, war aber in der Weimarer Zeit zu einem negativ besetzten antisemitischen Stereotyp geworden. Gail bezieht es allerdings nur auf Äußerlichkeiten. In der Handlung spielt es keine Rolle. Dort geht es allein um den technischen Wettbewerb zwischen zwei Kontrahenten, den Korf gewinnt, weil er der bessere Ingenieur ist.

Für den Patrioten Korf ist die Weltraumfahrt »eine deutsche Nationalangelegenheit« und eine Möglichkeit, mit dem sich das durch den Versailler Vertrag militärisch geschwächte Land »im Falle eines neuen Weltkriegs« gegen die Feinde wehren kann. Deshalb weigert er sich zunächst, Geld aus dem Ausland anzunehmen. Am Ende siegt aber der Ehrgeiz des Ingenieurs, der sein Werk vollenden will, über den Nationalstolz. Darin könnte sich die Einstellung Gails widerspiegeln. Denn er lässt Natalka nach deren Rettung Korf Vorhaltungen machen: »Ein Verbrechen an der Menschheit war es, daß Ihnen Ihre nationale Ehre, Ihr kleinlicher Bürgerstolz höher stand als das erhabene Werk.« Um »das größte Wunderwerk der Menschheit« zu verwirklichen, hätte er »alle – erlaubte oder unerlaubte – Hebel in Bewegung setz[t]en« müssen.

Die Deutschtümelei hält sich in Grenzen, auch wenn am Ende, als die *Geryon* gelandet ist, zu Ehren der Mondfahrer das Deutschlandlied mit seiner damals noch nicht verpönten ersten Strophe angestimmt wird. Aber die deutschen Weltraumfahrer kommen nicht als strahlende Helden und schon gar nicht als Herrenmenschen zurück, und der Gesang verstummt, als die Bahre mit der toten Natalka aus dem Schiff gebracht wird. August Korf ist persönliches Glück nicht vergönnt, und, so sieht es Finkle, »das war gut so«, denn »du gehörst nicht mehr dir und nicht mehr – ihr. Du gehörst der Menschheit, und die Welt hat ein Anrecht

 94

auf dich. Frei und ungebunden muß der Mann sein, der dazu berufen ist, das Planetenreich zu erobern.« Ein Privatleben würde nur stören. Das passt Senecas Spruch, als wäre er dafür erdacht worden – per aspera ad astra.

Es ging Gail nicht um Weltanschauung und Politik, sondern um die »praktischen Konsequenzen aus heute nicht mehr anzuzweifelnden Erfindungen«. Er war geprägt von einem euphorischen Fortschrittsoptimismus und vertraute in »die Ingenieure des 193. Jahrzehnts«, zu denen er ausdrücklich auch den Amerikaner Robert Goddard zählte. Er sah »die Menschheit ... am Vorabend einer wahren Weltenwende«. Zu einem Zeitpunkt, als gerade die ersten Versuche mit Raketen unternommen wurden, schrieb Gail im Vorwort zu seinem Roman: »Vielleicht zischt die erste Rakete hinaus in den Weltenraum, bevor dieses Buch die Druckerei verlässt.« Dieser Wunsch ging nicht ganz in Erfüllung. Der erste Start einer theoretisch weltraumtauglichen Rakete mit Flüssigtreibstoffantrieb, der auch im Vakuum funktioniert hätte, gelang Goddard am 16. März 1926. Sie erreichte aber nur 14 Meter Höhe und flog gerade einmal 50 Meter weit. Erst am 20. Juni 1944 überquerte eine deutsche V2-Rakete die später sogenannte Kármán-Linie von 100 Kilometer über dem Meeresspiegel, die als Grenze zum Weltraum gilt, und erreichte 175 Kilometer Höhe, bevor sie in die Ostsee stürzte.

Dem *Schuß ins All* folgte ein Jahr später die Fortsetzung *Der Stein vom Mond*, die der Verlag als »kosmischen Roman« anpries. Darin erzählte Gail nicht nur Korfs Geschichte weiter, sondern verarbeitete auch Hörbigers esoterische Welteislehre und den damals populären Atlantis-Mythos, was den Roman deutlich von dem stark technisch orientierten *Schuß* unterscheidet. Gail griff dazu unter anderem ausdrücklich auf das bizarre rassistische Werk *Atlantis, die Urheimat der Arier* von Karl Georg Zschaetzsch und die im Vergleich dazu harmlose Schrift *Unsere atlantischen Vorfahren* des Ur-Anthroposophen Rudolf Steiner als Grundlage für den »mythologischen Aufbau des Roman« zurück.

Es gibt einige Passagen, in denen sich Gail rassistischer Klischees bedient. Die Eingeborenen Yucatans etwa beschreibt er mehrfach als »zerlumpte Gestalten« mit »scharfgeschnittenen schmutzigen Gesichter[n]«, und der britische Archäologe Sir William Burns, eher ein Sympathieträger, ermahnt einen Mitarbeiter, als dieser das »verlotterte Indianergesindel« beschimpft, nicht etwa wegen der Wortwahl, sondern rät zur Vorsicht, weil man nicht wisse, »wie weit die Sprachkenntnisse dieser Leute gehen«. In einer anderen Szene, als ein mexikanischer Gutsbesitzer in Burns Anwesenheit aus nichtigem Anlass einen Bediensteten züchtigt, lässt Gail den Archäologen denken: »Charakterlose Rasse, diese Neger! ... Kuschen wie geprügelte Hunde vor jeder Willkür und lecken noch die Peitsche ihres Peinigers!«

Beide Werke wurden 1979 beziehungsweise 1982 in der Reihe Science Fiction Classics bei Heyne wiederveröffentlicht und sind in dieser Form antiquarisch einfacher und vor allem preisgünstiger zu bekommen als die Originale. In der Neuauflage sind die antisemitischen und rassistischen Passagen unverändert geblieben, mit der Begründung, dass sie »als Ausdruck einer überholten Lebenshaltung aufschlußreich« seien.

Gail schrieb zwei weitere SF-Jugendromane und einen Kurzgeschichtenband: *Hans Hardt's Mondfahrt. Eine abenteuerliche Erzählung* (1928; überarbeitete Neuauflage 1947), *Energiesammler HaDeWe* (1929; Wiederveröffentlichung 1949 als *Der Herr der Wellen*) und *Die blaue Kugel* (1929). Ansonsten verfasste Gail bis kurz vor seinem Tod mehrere Sach- und Schulbücher über physikalische und technische Themen, von denen sich nur *Mit Raketenkraft ins Weltenall. Vom Feuerwagen zum Raumschiff* (1928) mit Raumfahrt befasste. Darin ist schon vieles an-

 96

gedacht, was heute Raumfahrtstandard ist, wie Weltraumteleskope, globale Telekommunikation oder Orbitalkraftwerke. Sogar eine Mondstation als Startplatz für Marsexpeditionen antizipiert er.

Gail erkannte auch das militärische Potenzial: »Dem Kommandanten der Weltraumstation wäre es ein Leichtes, mit seinen Spiegeln [mit denen man die Sonnenstrahlen scharf bündeln könnte; *Anm. d. Verf.*] Munitionsfabriken in Brand zu stecken, marschierende Truppen zu vernichten, ganze Städte in Asche zu verwandeln und jede Kriegsrüstung im Keime zu ersticken.« Für den Raketenenthusiasten war klar: »[D]ie Nation, deren Flagge als erste im Raume der Welten leuchtet, wird zur führenden Nation der Erde und wird über den Erdenball gebieten.« Dass diese Nation Deutschland sein würde, mag Gail gehofft haben. Geschrieben hat er es nicht.

Hermann Oberth hielt offenbar große Stück auf Gails Romane. In seinem Buch *Wege zur Raumschiffahrt* von 1929 verwendete er zur Veranschaulichung seiner sehr technischen Erläuterungen »einige Stellen aus dem Gailschen Roman ›Stein vom Mond‹« und lobte »den glänzenden Stil Gails und seine Fähigkeit, sich in ungewöhnliche Situationen hinein zu denken und sie naturgetreu und packend darzulegen«. Er würdigte ihn aber nicht bloß als Schriftsteller, sondern nahm ihn auch als Raketentechniker ernst: »Es ist in letzter Zeit oft vorgeschlagen worden (Valier, Gail und andere) eine Rakete dadurch höher hinaufzubringen, daß man sie mit Tragflächen versieht und in einem geringeren Winkel α aufsteigen lässt.« An einer anderen Stelle führt Oberth Gail in einer Reihe anderer Raumfahrtpioniere auf: »Valier, Hohmann, Gail, Zander und Ziolkowski denken sich die Landung in der Weise, daß das Raumschiff eine Aeroplan ähnlich gebaut ist, und bei der Rückkehr im Gleitflug landet ... Gail denkt sich die Tragflächen am spindelförmigen Raketenrumpf angebracht.« Nach Walter Hohmann (1880-1945) ist der Hohmann-

Das Titelbild des Gernsback-Magazins SCIENCE WONDER QUARTERLY vom Herbst 1929 zeigt eine Szene aus Gails Roman. Es stammt von Hausillustrator Frank R. Paul.

Transfer benannt, der energetisch günstigste Übergang zwischen zwei Bahnen um einen Himmelskörper, Friedrich Zander (1887-1933) hat später die erste Flüssigtreibstoffrakete für die Sowjetunion entwickelt, und Konstantin Ziolkowski (1857-1935) gilt als Erfinder der modernen Kosmonautik. Er hat die Raketengrundgleichung hergeleitet, mit der die Geschwindigkeit einer Rakete abhängig von der Ausströmgeschwindigkeit der Stützmasse berechnet wird.

Englische Übersetzungen der beiden ersten Gail-Romane erschienen 1929 und 1930 unter dem Titel *The Shot into Infinity* und *The Stone from the Moon* als Aufmacherstorys in der ersten und dritten Ausgabe von SCIENCE WONDER QUARTERLY, einem neuen Magazin von Hugo Gernsback. Das zeigt, welche Bedeutung der einflussreiche SF-Herausgeber diesen Romanen beimaß. Beide Storys waren mit einem gezeichneten Porträt des Autors versehen. Das Titelbild von *The Shot into Infinity* von Frank R. Paul gibt eine Szene aus dem Roman wieder, vier in Schutzanzüge gekleidete Gestalten, die an Seilen gesichert auf dem Weg zum Mond einen Weltraumspaziergang unternehmen. Auch die Innenillustrationen von Paul zeigen Szenen der Handlung, im Unterschied zu den sehr grafischen Abbildungen im deutschen Original (*Der Stein vom Mond* enthält keine Innenillustrationen). Auch Gails dritter Roman

fand einen Verleger in den USA und wurde 1931 als *By Rocket to the Moon: The Story of Hans Hardt's Miraculous Flight* von Sears in New York veröffentlicht.

Wiederveröffentlicht wurden *The Shot into Infinity* und *The Stone from the Moon* 1975 in der Reihe GARLAND LIBRARY OF SCIENCE FICTION, herausgegeben von Lester del Rey, und 2007 in der von Ron Miller herausgegebenen Reihe THE RON MILLER SCIENCE FICTION CLASSICS COLLECTION – in der es eine eigene Rubrik »Germans in Space« gab. Diese Ausgaben sind noch als E-Books erhältlich. Übersetzungen (*Een Reis om de Maan* und *De Steen van Atlantis*) sind 1929 in den Niederlanden erschienen.

Lester del Rey, der selbst ein bedeutender SF-Schriftsteller und -Herausgeber war und Gails Romane womöglich als Jugendlicher gelesen hatte, war überzeugt, dass *The Shot* die amerikanische SF stark beeinflusst hat und die meisten Schriftsteller in den nächsten Jahrzehnten ihr Wissen über Raketen daraus bezogen. Die *Encyclopedia of Science Fiction* bescheinigt dem Roman »a technical realism unusual for the time«, und Hans Frey, der vier umfangreiche kritische Studien über die deutsche SF verfasst hat, kürt den *Schuß ins All* »zum besten deutschen Mondroman, den die SF der Zwischenkriegszeit hervorgebracht hat«. Wer wäre ich, ihm zu widersprechen?

Quellen

• Gail, Otto W.
– Der Schuß zum Mond. Ein Roman von morgen. Breslau 1925.
– Der Schuß zum Mond. Mit einen Nachwort von Susanne Päch. München 1979.
– Der Stein vom Mond. Kosmischer Roman. Breslau 1926.
– Der Stein vom Mond. Mit einen Nachwort von Susanne Päch. München 1982.
– The Shot into Infinity. In: Science Wonder Quarterly Vol. 1 No. 1, 1929 (online: https://comicbookplus.com/?dlid=35432; abgerufen am 10.6.2020).
– The Stone from the Moon. In: Science Wonder Quarterly Vol. 1 No. 3, 1930 (online: https://comicbookplus.com/?dlid=36261; abgerufen am 10.6.2020).
– Mit Raketenkraft ins Weltall. Vom Feuerwagen zum Raumschiff. Stuttgart 1928.

• Nathan Birnbaum: Den Ostjuden ihr Recht! Wien 1915 (online: http://sammlungen.ub.uni-frankfurt.de/freimann/content/titleinfo/719806; abgerufen am 10.6.2020)

• Dina Brandt: Der deutsche Zukunftsroman 1918-1945: Gattungstypologie und sozialgeschichtliche Verortung (Studien und Texte zur Sozialgeschichte der Literatur, Band 113). Tübingen 2007.

• Daniel Brandau: Raketenträume: Raumfahrt- und Technikenthusiasmus in Deutschland 1923–1963 (Geschichte der technischen Kultur 4). Paderborn 2019.

• John Clute: »Gail, Otto Willi«. The Encyclopedia of Science Fiction (online: http://www.sf-encyclopedia.com/entry/gail_otto_willi; abgerufen am 10.6.2020)

• Lester del Rey: The World of Science Fiction 1926-1976. The History of a Subculture. New York 1980.

• Walter Dornberger: V2, der Schuss ins Weltall: Geschichte einer großen Erfindung. Esslingen 1952.

• Hans Esselborn: Die Erfindung der Zukunft in der Literatur. Vom technisch-utopischen Zukunftsroman zur deutschen Science Fiction. Würzburg 2019.

• Hans Frey: Aufbruch in den Abgrund. Von Weimar bis zum Ende der Nazidiktatur 1918-1945. Berlin 2020.

• Hans-Otto Hügel: Handbuch Populäre Kultur. Stuttgart/Weimar 2003.

• Roland Innerhofer: Otto Willi Gail. Zur Allianz von Technik und Poesie. – in: Visionäre aus Franken: sechs phantastische Biographien/hrsg. von Bernd Flessner. Neustadt an der Aisch 2000.

• Wilhelm Lux: Otto Willi Gail. Rundfunkpionier und technischer Schriftsteller

 100

aus Gunzenhausen. – in: Alt-Gunzenhausen – Beiträge zur Geschichte der Stadt und Umgebung, Heft 43/1987.

• Hermann Oberth: Wege zur Raumschiffahrt. München 1929.

• Sternal, Bernd: Eroberer des Himmels. Lebensbilder – Deutsche Luft- und Raumfahrtpioniere. Gernrode 2016.

Auf der schwarzen Liste der Nazis

Bei Recherchen stoße ich immer wieder auf Spuren und Hinweise, die ich interessant genug finde, etwas genauer hinzusehen. Das kann eine Person, ein Buchtitel oder ein Ereignis sein. Oft bleibt es bei einem Blick in die Wikipedia oder auf eine Webseite, die mir die Google-Suche auswirft. Manchmal kommt mehr dabei heraus.

Neulich las ich in einem Aufsatz über »Raumschiffahrtsdichtung« aus dem Jahr 1928 – den Begriff »Science Fiction« gab es damals noch nicht[1] – über einen Roman mit dem Titel *Die Marsbrücke* von Uwe Jarl aus dem Berliner Monopolverlag. Der Rezensent Karl Debus fasste ihn so zusammen:

»Ein deutscher Professor Brinkmann hatte ein Präparat erfunden, mit dessen Hilfe man aus jedem beliebigen Sande tadelloses Zement und Beton herzustellen vermochte.

---

1 Von »Science Fiction« für ein Genre der Unterhaltungsliteratur ist das erste Mal im Editorial von Hugo Gernsback in der ersten Ausgabe des Pulp-Magazins Science Wonder Stories vom Juni 1929 die Rede (https://archive.org/details/Science_Wonder_Stories_v01n01_1929-06.Stellar). Vorher hatte er den Begriff »scientifiction« benutzt, der sich aber nicht durchsetzte.

Das Umschlagbild des „Marsbrücke"-Romans von Uwe Jarl passt zum Inhalt, wenn auch der Turm viel zu weit in den Weltraum hineinragt.

So war es möglich geworden, in der Sahara einen Bau auszuführen, von solcher Höhe, daß die Anziehungskraft der Erde auf seiner Spitze fast ganz wegfiel. Von dieser Höhe sollten Lichtzeichen zum Mars ausgesendet werden. Der babylonische Turm wurde mit internationaler Zusammenarbeit aufgeführt, allerdings unter größten Schwierigkeiten und Intrigen von seiten Englands, das nur mittat, um das Ganze zu sabotieren. Die Schilderungen des Baues und die dramatischen Zwischenfälle machen den Inhalt des Romans aus. Auch hier war also wie beim babylonischen Turm das Ende ein tragisches: der Marsturm wird durch Verrat gesprengt und bricht zusammen. Doch kurz vorher war es noch gelungen, ungeheure Strahlengarben zum Planeten der Riesenkanäle auszusenden. Und die Antwort vom Mars blieb in der Tat nicht aus: er antwortete mit einem silbernen Kreuz, dem Zeichen der allumfassenden Liebe. So endet dieser Roman, den man auch eine Völkerbundssatire nennen könnte, mit dem Versuch einer tieferen Symbolisierung."[2]

Die Google-Suche nach Uwe Jarl ergab ein erstaunliches Ergebnis, nämlich nur einen konkreten Treffer: Der

---

2 Karl Debus: Raumschiffahrtsdichtung und Bewohnbarkeitsphantasien seit der Renaissance bis heute. – in: Willy Ley (Hrsg.): Möglichkeit der Weltraumfahrt. Leipzig 1928, S. 95.

Strassburg: Ed. Prométhée 1938.
Jarcho, Gregor: Sämtliche Schriften.
Jarl, Uwe: Die Marsbrücke. Berlin: Eden-Verl. 1927.
Jaroslawski, Emelian E.: Sämtliche Schriften.
Jaschke, Alois Rudolf Carl: Österreichs deutsches Erbe. G

Zwischen dem Dostojewski-Übersetzer »Jarcho, Gregor« und dem sowjetischen Politiker und Journalist »Jaroslawski, Emelian. E.« wird Uwe Jarls Roman „Die Marsbrücke" in der „Liste des schädlichen und unerwünschten Schrifttums" aufgeführt.

Roman stand laut der Internetseite *verbrannte-und-verbannte.de* auf der Liste der verbotenen Bücher im Dritten Reich[3]. Mehr nicht. Auch in der mir zugänglichen Literatur über Vorkriegs-Phantastik[4] habe ich nichts gefunden. Nun, ein phantastischer Roman, der von den Nazis verboten wurde, ist für einen SF-Fan ein interessantes Thema. Darüber musste ich mehr wissen.

Als nächstes habe ich eine Abfrage bei der Deutschen Nationalbibliothek gemacht. Da gab es schon drei Treffer: Der Roman ist 1921 als Band 3 der Reihe MONOPOL-ABENTEU-ER-ROMANE im Monopolverlag erschienen und hatte 96 Seiten. 1927 gab es eine Neuausgabe als Band 10 der Reihe *Detektiv- und Abenteuer-Romane* des Berliner Eden-Verlags (wahrscheinlich derselbe Verlag mit neuem Namen). Der dritte Treffer war eine Überraschung: Der Roman liegt als Digitalisat vor, das man online lesen kann[5].

Die Information, dass es diese Romanreihe gab, führte zu weiteren Ergebnissen, die ich zusammenfasse, bevor ich wieder auf *Die Marsbrücke* eingehe.

---

3 https://verbrannte-und-verbannte.de/person/1878

4 zum Beispiel Heinz J. Galle: Volksbücher und Heftromane, Band 2. Lüneburg 2009; Hans Frey: Aufbruch in den Abgrund. Berlin 2020.

5 https://portal.dnb.de/bookviewer/view/1158601042#page/n0/mode/2up

Die MONOPOL-ABENTEUER-ROMANE erschienen im Oktavformat (10,5 × 16,5 Zentimeter), hatten jeweils 96 Seiten Umfang, einen Pappeinband und einen Schutzumschlag mit einem farbigen Titelbild, signiert mit »Conny«. Sie erschienen von 1921 bis 1923 und wurden in einer in Band 3 abgedruckten Verlagswerbung als »Sammlung packender, phantastischer Romane« bezeichnet. Es erschienen zwölf Romane[6]:

Band 1: *Mister Excentric* von Peter T. Toth

Band 2: *Die Jagd nach dem Dollar* von Costa-Costa (Pseudonym von Harry Plüddemann)

Band 3: *Die Marsbrücke* von Uwe Jarl

Band 4: *Der Herr der Nacht* von Heinz Stahleck

Band 5: *Inka-Calli, das schlummernde Volk* von Harry Plüddemann

Band 6: *In der Nacht des Silberlandes* von Oevre Richter-Frich

Band 7: *Der Untergang der Welt* von Peter T. Toth

Band 8: *Madame Colibri* von Costa-Costa

Band 9: *Zwischen Himmel und Hölle* von Kurt Falkenstein

Band 10: *Die Göttin der Schönheit* von Peter T. Toth

Band 11: *Die schwimmende Insel* von Harry Plüddemann

Band 12: *Im Reiche Romalvaths* von Peter T. Toth

Die ersten sechs Romane gibt es als Digitalisate bei der Deutschen Nationalbibliothek. Weil diese alle von 2018 sind, ist nicht damit zu rechnen, dass die übrigen Titel der Reihe in absehbarer Zeit digitalisiert werden.

---

6 https://lbssbb.gbv.de/DB=1/SET=14/TTL=1/FAM?PPN=507817591

 106

Die Bände 1, 3 und 5 werden auf den Titelblättern als »phantastische Romane« bezeichnet. In *Mister Excentric* von Peter T. Toth engagiert der amerikanischen Milliardär Ivar Robur - der Name ist ein Verweis auf Jules Vernes Roman *Robur, der Eroberer* - den japanischen Ingenieur Dr. Wansi Satorama für ein ehrgeiziges Projekt: »Ich will auf den Mars, auf den Mond!« Der Plan gelingt, wenn auch mit einigen Rückschlägen. Die Story, die halbwegs flott erzählt ist, steckt voller wissenschaftlicher und technischer Absurditäten. Das »Raumschiff« wird mit einem Propeller angetrieben und bringt es auf sagenhafte 300 Stundenkilometer. Völlig abwegig ist die zugrunde gelegte Astronomie. Der Mond kommt erst nach wochenlanger Fahrt in Sicht: »Das kommt daher, weil irgendein Stern vorgelagert ist. Wenn wir diesen überholt haben, dann liegt der Mond in seiner ganzen Größe und Herrlichkeit vor unseren Augen«, erklärt Satorama seinen Mitreisenden.

Selbst ungebildeten Lesern wird damals aufgefallen sein, dass das nicht stimmen kann.

Inka-Calli, das schlummernde Volk von Harry Plüddemann handelt von einer deutschen Anden-Expedition, die

107

in einer Wüstenlandschaft eine Oase und darin eine unterirdische Totenstadt mit Hunderten Särgen entdeckt. Die Wissenschaftler öffnen einen davon. Darin liegt kein mumifizierter oder verwester Toter, sondern ein Mann »in einer künstlich hervorgerufenen kataleptischen Starre«. Den Wissenschaftlern gelingt es, den Priester wiederzubeleben. Von ihm erfahren sie, dass ein Inka-Stamm über Jahrhunderte unbemerkt in der Oase überlebt hat, sich aber wegen der unaufhaltsamen Ausbreitung der sie umgebenden Wüste vor 50 Jahren in Schlaf versetzt hat, um auf bessere Zeiten zu warten. Plüddemann wurde womöglich durch die Entdeckung der Ruinen der Inka-Stadt Machu Picchu im Jahr 1911 zu seinem Roman angeregt.

Die anderen drei Romane sind Krimis ohne phantastische Elemente (auf deren Zusammenfassung ich deshalb verzichte). Zu welchem Genre die Bände 7 bis 12 gehören, ist mir nicht bekannt. Die Hälfte der Romane – die Nummern 1, 2, 3, 5, 7 und 11 – wurde 1927 mit vier Romanen aus anderen Monopol-Reihen als Detektiv- und Abenteuer-Romane neu herausgegeben.

Über die Autoren ließ sich kaum etwas herausfinden. Toth, Plüddemann, Stahleck und Falkenstein schrieben vor allem Krimis, von denen die meisten im Monopol-Verlag erschienen, der in den 1920er und 1930er Jahren mehrere Reihen herausbrachte. Keiner von ihnen hat nach 1939 noch etwas veröffentlicht. Plüddemann soll in Berlin gelebt haben. Uwe Jarl hat offenbar nur einen einzigen Roman verfasst. Einzig über Oevre Richter-Frich wissen wir, unter anderem Dank eines Artikels der englischen Wikipedia[7], mehr. Er war ein bekannter norwegischer Krimischriftsteller, sein Roman *In der Nacht des Silberlandes* ist die einzige Übersetzung in der Reihe.

---

7 https://en.wikipedia.org/wiki/%C3%98vre_Richter_Frich

Zurück zu Jarls Roman. Die Zusammenfassung oben lasse ich so stehen; sie enthält das Wesentliche. Ich will nur auf ein paar Aspekte eingehen, die den Roman bestimmen.

Die Marsbrücke, die im Jahr 1950 spielt, hat einen anglophoben Grundton. Die britische Regierung versucht, das vom Völkerbund beschlossene Projekt ohne Rücksicht auf Verluste zu verhindern. Dazu wird sogar ein eigenes Sabotage-Amt gegründet. Die Briten haben die Befürchtung, dass sich durch die internationale Zusammenarbeit das Verständnis zwischen den Völkern verbessert und alle von einem Kontakt mit den wahrscheinlich höher entwickelten Marsianern profitieren. Dadurch würde sie ihre Vormachtstellung in der Welt verlieren.

Der Roman pflegt den reinsten Gigantismus. Der Betonturm soll 20 Kilometer hoch werden und in der Sahara eine Fläche von 300.000 Quadratkilometern einnehmen. Für die Bauarbeiten stellen die im Völkerbund vertretenen Nationen 20 Millionen Arbeiter für zehn Jahre zur Verfügung. Um das Lichtsignal zum Mars zu schicken, werden auf der Spitze des Turmes sieben Millionen Scheinwerfer aufgestellt. Für die Stromversorgung werden riesige Kraftwerke gebaut. Dazu kommt die Infrastruktur zur Versorgung und zum Transport der Arbeitskräfte und des Materials.

Die zugrunde liegende Wissenschaft ist hanebüchen. Der Turm wird so hoch gebaut, um den Einfluss der Schwerkraft auf das Licht, das sonst den Mars nicht erreichen könnte, auszuschalten. In 20 Kilometer Höhe gibt es eine Grenze, wo das Schwerefeld der Erde abrupt endet. Das wird dem englischen Saboteur Sacheverell zum Verhängnis: Als sein Kopf beim finalen Kampf mit Ingenieur Brinkmann auf der Spitze des Turms über diese Grenze gerät, wird sein Körper von der Schwerkraft der rotierenden Erde mitgerissen, während der Kopf schwerelos an Ort und Stelle bleibt.

Über die Schwerkraft wusste man seit Isaac Newton besser Bescheid als der fiktive deutsche Ingenieur. Dabei vertritt Dr. Walter Brinkmann bzw. Autor Jarl vermeintlich sogar einen Standpunkt in einer aktuellen wissenschaftlichen Debatte: »Der zu Anfang dieses Jahrhunderts von einem törichten deutschen Professor unternommene Versuch, an den Grundlagen der Wissenschaft zu rütteln und alles für relativ zu erklären, muß als endgültig erledigt betrachtet werden«, heißt es auf Seite 8 der *Marsbrücke*. Gemeint ist selbstverständlich Albert Einstein, der wenige Jahre vor Erscheinen des Romans seine Relativitätstheorie vorgestellt hatte, eine Theorie, die damals noch nicht unumstritten war.

Warum dieser Roman 1938 mit 4500 anderen auf die geheime *Liste des schädlichen und unerwünschten Schrifttums« der Reichsschrifttumskammer*[8] kam und deshalb weder vom Buchhandel verkauft noch in Büchereien geführt werden durfte, ist nicht offensichtlich. Ob es an der Person lag, muss im Unklaren bleiben, weil wir nichts über Jarl wissen. Vielleicht hat er sich politisch unbeliebt gemacht. Jude oder Marxist wird er nicht gewesen sein; deren Bücher waren schon früher verboten worden. Er war der einzige aus der Riege der Autoren, die für die Abenteuer-Reihe schrieben, die von einem Verbot betroffen waren.

Vermutlich gab es inhaltliche Gründe, und einigen Nazis passte die von Jarl beschriebene nahe Zukunft im Jahr 1950 nicht: England ist Weltmacht und der Völkerbund eine Art globales Parlament, das über die logistischen und materiellen Ressourcen der Welt verfügen kann. Deutschland wird als Nation in dem Roman, im Unterschied zu einigen anderen Staaten, nicht ein einziges Mal auch nur erwähnt und ist in einem ärmlichen »sozialistischen Mittel-

---

[8] Liste des schädlichen und unerwünschten Schrifttums, Stand vom 31. Dezember 1938. Leipzig, 1938, S. 63 (https://sammlungen.ulb.uni-muenster.de/hd/periodical/titleinfo/2539887).

Europa«, das nach dem Zerfall der Sowjetunion entstanden ist, aufgegangen (S. 15). Hinzu kommt vielleicht die unübersehbare christliche Symbolik: der Marsturm als moderner Turm zu Babel und das Lichtkreuz als vermeintlich universell verständlichem »Zeichen der allumfassenden Liebe«, mit dem die Marsianer auf die Botschaft von der Erde antworten. So etwas passte nicht zum nationalsozialistischen Selbstverständnis, dass mit dem Dritten Reich der Endzustand der gesellschaftlichen Entwicklung erreicht ist.

Fraglich ist, ob das Verbot Folgen hatte. Es ist unwahrscheinlich, dass der Roman 1938, elf Jahre nach seiner Zweitveröffentlichung, noch im Handel zu haben war. Einige Exemplare werden in Büchereien gestanden haben. Da die Liste als »streng vertraulich« eingestuft war und nur einem kleinen Personenkreis zugänglich war, hatten Buchhandel und Büchereien keine Möglichkeit, darauf zu reagieren. Ob ein verbotenes Buch zum Verkauf oder Verleih angeboten wurde, konnte von den Behörden erst nach einer polizeilichen »Bücherkontrolle« festgestellt werden.

Die Romane der Abenteuer-Reihe sind heute, hundert Jahren nach ihrem Erscheinen, fast vergessen[9] und extrem selten zu finden; die Zeitläufte sind nicht spurlos an ihnen vorbeigegangen. Man muss als Sammler schon sehr viel Glück haben, um überhaupt einmal ein Angebot zu finden. Vermutlich hat niemand die Reihe vollständig. Die Staatsbibliothek zu Berlin, die alle Romane in ihren Katalog aufgenommen hat, kennzeichnet einige davon als »Kriegsverlust«. Dank der Deutschen Nationalbibliothek können wir einige davon wieder lesen, auch wenn wir sie nicht ins Regal stellen können.

---

9 Selbst in der rund 90.000 Bücher (davon fast 1000 aus der Zeit vor 1945) und mehr als 35.000 Autorinnen und Autoren umfassenden »Bibliographie deutschsprachiger Science Fiction-Stories und Bücher« von Christian Pree (http://chpr.at/sfstory.html) taucht keiner der Romane und keiner der Autoren auf.

Der Schein trügt

Zehn Jahre bevor 1961 Heft 1 der PERRY RHODAN-Serie auf den Markt kam, erschien ein »utopisch-wissenschaftlicher Roman aus naher Zukunft und jahrmillionenferner Vergangenheit«: *Reich im Mond* von Manfred Langrenus gilt als Inspirationsquelle für die Serienerfinder Karl-Herbert Scheer und Walter Ernsting alias Clark Darlton; manche sagen auch, sie hätten dort abgekupfert. Hermann Ritter etwa schreibt in einem Beitrag auf der PERRY RHODAN-Homepage, der Roman sei »[e]iner der grundlegenden Einflüsse für die PERRY RHODAN-Serie«[1]. Er zählt auffällige Übereinstimmungen auf wie die Namen Atlan und Ara und die Entdeckung eines havarierten Kugelraumers auf dem Mond. Hans Frey schreibt in *Optimismus und Overkill*, dem dritten Teil seiner Geschichte der deutschen SF-Literatur, dass der Roman »mit ziemlicher Sicherheit die PERRY RHODAN-Serie beeinflusst hat«[2], ohne dafür einen Beleg zu liefern. Es gibt Gemeinsamkeiten, allerdings auch gravierende Unterschiede.

Auf einem großen eisfreien, tundraähnlichen Gebiet im Inneren der Antarktis hat der norwegische Staat eine gro-

---

1   https://perry-rhodan.net/aktuelles/kolumnen/das-%C2%BBreich-im-mond%C2%AB-und-seine-einfl%C3%Bcsse (abgerufen am 6.4.23)

2 Hans Frey: Optimismus und Overkill, Berlin 2021, S. 248

ße Forschungsstation gebaut. Darunter wird unter der Leitung zweier gebürtiger Österreicher im Geheimen ein umfangreiches Raumflugprojekt verwirklicht, das weit über alles hinausgeht, was tatsächlich bis ins 21. Jahrhundert erreicht wurde. Die Wissenschaftler und Techniker entwickeln unter anderem große, wiederverwendbare Raumschiffe mit Atomantrieb.

Die Handlung setzt ein, als die Raumschiffe *Luna* und *Selene* mit je 40 Mann Besatzung zum Mond fliegen. Auf dem Mond wird innerhalb eines halben Jahres mit einem riesigen Materialaufwand eine Station mit Forschungs-, Wohn- und Freizeitkomplex, Atomkraftwerk und Observatorium aufgebaut. Auch Erzgewinnung und -verarbeitung sind möglich, und sogar eine eigene Raumschiff-Produktion entsteht. Alles heimlich. Offenbar verfügt Norwegen über unerschöpfliche Ressourcen. Einen Teil der enormen Kosten wollen die Verantwortlichen durch die Vermarktung von Filmen und Fotos wieder hereinbekommen. Aus heutiger Sicht ist das putzig.

Bei Erkundungsflügen auf dem Mond entdecken die Raumfahrer in einer Schlucht ein riesiges Tor, kurz darauf auf der Mondrückseite ein schwer beschädigtes kugelförmiges Raumschiff. Sie finden Hinweise darauf, dass das Schiff vor mehr als 60 Millionen Jahre havariert sein muss (aber noch über eine atembare Atmosphäre und Energie

Manfred Langrenus war das Pseudonym des Wiener Chemikers Friedrich Hecht (1903-1980). Unter diesem Namen schrieb er zwei Romane, *Reich im Mond* (1951) und *Im Banne des Alpha Centauri* (1955). Hecht forschte unter anderem über die chemische Zusammensetzung von Meteoriten und befasste sich mit chemischen Problemen des Weltraumflugs. Er war Vorstandsmitglied der Österreichischen Gesellschaft für Weltraumforschung und ab 1954 Vizepräsident der In-

 114

ternational Astronautical Federation.

Hecht war ein Nazi. Er trat offenbar bereits 1933, als die Partei in Österreich noch verboten war, in die NSDAP ein. So etwas macht man aus Überzeugung. In seinem Roman schildert Hecht zwar politische und soziale Verhältnisse, man kann daraus aber nicht ohne Weiteres auf seine Einstellung schließen. Gelegentlich scheint der »Herrenmensch« durch, wenn etwa konstatiert wird, die Erdenmenschen stünden der atlantischen Technik und Wissenschaft »wie ein irdischer wilder Eingeborener der Zivilisation der weißen Rasse gegenüber«.

zur Betätigung von technischen Einrichtungen verfügt) und es einen Zusammenhang mit dem Tor gibt.

Das Szenario kommt Lesern von PERRY RHODAN selbstverständlich bekannt vor: Die ersten Menschen auf dem Mond entdecken ein kugelförmiges Raumschiff, das beschädigt ist. Der Kugelraumer in Langrenus' Roman hat allerdings nur einen Durchmesser von 40 Metern, während das Raumschiff der Arkoniden, auf das der Astronaut Perry Rhodan stößt, 500 Meter durchmisst, bemannt und erst kürzlich dort gelandet ist[3].

Mit einer Atombombe wird ein Loch in das Tor gesprengt. Dahinter liegt eine unterirdische Stadt der Mondbewohner, die die Raumfahrer Seleniten nennen. Als erstes kommen sie in ein voll funktionsfähiges Automatenre-

---

3 Karl-Herbert Scheer: Unternehmen »Stardust«. München 1961.

„Reich zum Mond" von Manfred Langrenus erschien 1951 in einem österreichischen Verlag.

staurant, das ihnen auf Knopfdruck zubereitete Lebensmittel ausgibt (die sie sicherheitshalber von mitgebrachten Hunden probieren lassen). Plötzlich hören sie eine menschlich klingende Stimme, die etwas in einer unbekannten Sprache von sich gibt: »Bei genauem Zuhören glaubten die Männer jedoch, wiederholt das Wort ›Atlan‹ zu verstehen.« Als die Raumfahrer wenig später in einem Museum einen Ausstellungsraum betreten wollen und sich die Tür öffnet, erklingt das Wort erneut. Außerdem findet es sich in einem Schriftzug über der Tür.

Atlan ist offenbar der Name eines Planeten, der einmal zwischen Mars und Jupiter kreiste. Da kommen einem PR-Leser natürlich nicht nur der gleichnamige Freund Perry Rhodans in den Sinn, sondern auch der Planet Zeut, der in der Serie um 50.000 v. Chr. zerstört wurde.

Dass der heutige Asteroidengürtel der Rest eines zerbrochenen Planeten ist, ist eine Hypothese aus dem 19. Jahrhundert. Der Planet bekam sogar einen Namen: Phaeton. Zwischen Mars und Jupiter bestand eine auffällige Lücke, in der 1801 nach systematischer Suche der Zwergplanet Ceres und anschließend weitere Planetoiden entdeckt wurden, die als Planetentrümmer angesehen wurden. Mittlerweile meinen die Planetologen, dass der Asteroidengürtel aus Resten der Planetenbildung im Son-

nensystem besteht. Alle Asteroiden zusammen haben gerade einmal fünf Prozent der Masse des Mondes, zu wenig für einen richtigen Planeten.

Im Mondmuseum wird den Raumfahrern praktischerweise das gesamte Wissen der Seleniten mit zahlreichen spektakulären Exponaten vorgeführt. Es bestätigt sich die Vermutung, dass sie vor rund 70 Millionen Jahren lebten. Es sind auch Nachbildungen der Mondbewohner selbst zu sehen, deutlich mehr als zwei Meter große Menschen »von blaßweißer Hautfarbe«. Die Gesichtszüge sind »fremdartig, wenngleich für europäisches Empfinden zweifellos anziehend«. Groß und blasshäutig sind auch die Arkoniden, auf die Perry Rhodan in einem anderen literarischen Universum stößt. Langrenus' Mondbewohner haben allerdings helle, keine roten Augen und dunkles Haar.

Ein Raum des Mondmuseums, der dem urzeitlichen Mars gewidmet ist, wird akustisch und per Inschrift mit dem Wort »Ara« bezeichnet, genau wie das Volk der galaktischen Mediziner in der PR-Serie. Die Raumfahrer erkennen eine verblüffende Ähnlichkeit mit dem griechischen Namen des Mars, Ares, und spekulieren, dass die alten Griechen die Buchstaben von den Mondbewohnern übernahmen. Die Seleniten könnten Kontakt mit den Erdbewohnern gehabt haben. Einer der Männer weist auf den alttestamentarischen Propheten Elija hin, der in einem feurigen Wagen zum Himmel auffuhr.

Der nächste Saal empfängt sie mit dem Wort »Lotron«. Im Inneren steht »ein furchtbares Geschöpf ... mindestens sechs Meter hoch, eine Ausgeburt höllischer Phantasie«. Weiter heißt es im Roman: »Die Gestalt stand aufrecht auf zwei gespreizten Beinen, ihr Rumpf war in drei tonnenförmige Abschnitte gegliedert, von denen die beiden oberen je ein Paar Arme trugen, die in komplizierten Klauen endigten, und auf dem Ganzen thronte ein runder Kopf mit drei gewaltigen, weit abstehenden Augen.«

117

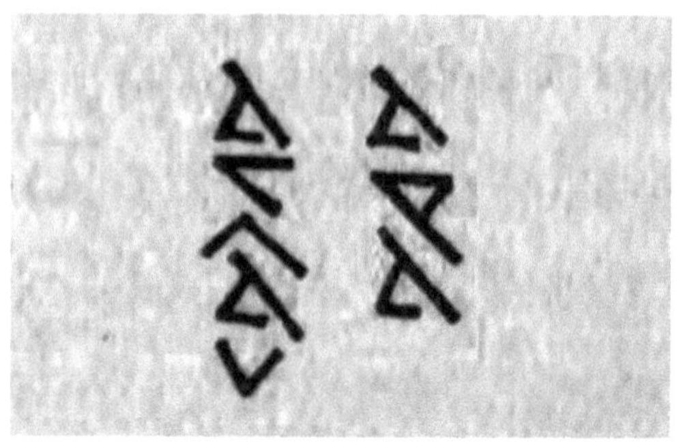

So stellte sich Langrenus atlantische Buchstaben vor: links ATLAN, rechts ARA.

Eine Bestie mit vier Armen und drei Augen! Später im Buch erfahren wir, dass die Lotronen eingeschlechtlich und gewalttätig sind. »Das ›böse‹ Fremdvolk erinnert mich ein wenig an die Haluter«, schrieb Hermann Ritter. Haluter sind furchteinflößende, aber friedfertige Giganten aus der PERRY RHODAN-Serie. Es sollte aber nicht verschwiegen werden, dass Lotronen im Unterschied zu Halutern insektenartig sind, ihr Kopf »erinnerte am ehesten [an] den einer irdischen Heuschrecke«, steht im Roman.

Nach der Entdeckung eines »Filmarchivs« wird vor den Raumfahrern über mehrere Tage und den Lesern über mehrere Kapitel die gesamte Geschichte der Atlanter von der Steinzeit an in lebensechten, dreidimensionalen »Raumbildern« ausgebreitet. Wir erfahren von der Jahrmillionen dauernden Entwicklung bis zur Hochkultur, von einem grausamen Atomkrieg, von der Entwicklung der Raumfahrt. Erst werden Mars, Erde (zur Saurierjagd) und Venus besucht, und auf dem Mond wird eine Kolonie eingerichtet, die schließlich mehrere Millionen Einwohner hat. Beim Jupiter haben die Atlanter »Feindkontakt« mit den Lotronen, die auf dem Mond Ganymed leben und das Gebiet des äußeren Sonnensystems für sich beanspruchen. Es kommt zu kriegerischen Auseinandersetzungen, in denen Atlan von den Lotronen durch Atombrände zerstört wird und zerbricht.

Die Atlanter fliehen in die Mondstädte und beginnen, die Erde trotz der doppelt so großen Schwerkraft zu besie-

deln. Sie lassen sich auf dem Azorenplateau auf der »mittelatlantischen Bodenwelle« nieder, weil sie sich dort am besten vor den irdischen Mikroorganismen schützen können. Die Atlanter bringen ihr Haustier, eine Primatenart mit, aus der sich der menschliche Stammbaum entwickelt. Nach ein paar Jahrhunderttausenden wird Atlantis ein Opfer der Kontinentalverschiebung. Eine Reihe von Vulkanen bricht gleichzeitig aus, der Inselkontinent versinkt im Meer. Zehntausende Atlanter fliehen in die noch eisfreie Antarktis, der Rest zum Mond. Nach einigen Tausend Jahren verlassen alle Atlanter den Mond und ziehen auf den noch lebensfreundlichen Mars um. Die Mondstädte lassen sie für alle Fälle als Zuflucht zurück. Damit endet die filmische Geschichtsstunde.

Die Mondkolonie der Norweger ist inzwischen ein unabhängiger Staat und nennt sich »Mondreich« oder »Empire lunair« (daher der Romantitel). Jetzt wird die Siedlung am Südpol aufgespürt, das darüber liegende Eis mit Atomminen weggeschmolzen. Wie auf dem Mond finden die Menschen ein Archiv und erfahren, dass die Stadt, die über Jahrmillionen bestand, aufgegeben wurde, als die Antarktis wegen der Kontinentalverschiebung vereiste. Um 5000 v. Chr. sind die meisten Bewohner zum Mars ausgewandert, aber einige haben sich als »Götter« in verschiedenen Teilen der Erde niedergelassen und den Menschen wichtige Kulturtechniken vermittelt, den Proto-Griechen zum Beispiel die Schrift.

Auf dem Mars treffen die Raumfahrer von der Erde auf die Nachkommen ehemaliger Antarktis-Bewohner, während die Atlanter, die vom Mond kamen, im Untergrund leben, degeneriert sind und jeden Kontakt mit den anderen Martiern vermeiden. Es kommt zur Verbrüderung zwischen Erd- und Marsmenschen, die mit einer Abordnung den Mond und die Erde besuchen. Dabei verguckt sich sogar ein Erdmann in eine Martierin. Das gehört wohl zum Standard solcher Geschichten: Schon in Kurd Laßwitz' Roman *Auf zwei Welten* von 1897 knisterte es ein wenig zwischen Mars und Erde.

Schließlich steuern die Erdlinge Ganymed an, die Heimat der Lotronen. Dort werden sie von Atlantern empfangen. Es sind Nachkommen von Kriegsgefangenen, die auf Lotron seit Jahrtausenden friedlich mit dem ehemaligen Feind zusammenleben. Lotronen und Atlanter laden die Menschen von der Erde und die Martier ein, an einer Expedition nach Alpha Centauri teilzunehmen. Aus dem 4,3 Lichtjahre entfernten Dreifach-Sternsystem kommen offenbar die geheimnisvollen Objekte, die die Lotronen schon seit Jahrmillionen immer wieder am Rande des Sonnensystems beobachtet haben. Wie es weiter geht, steht in Langrenus zweitem Roman *Im Banne des Alpha Centauri* von 1955.

Die Originalausgabe von *Reich im Mond* erschien 1951 im Verlag Franz Loewen in Loeben/Niederösterreich. Der Würzburger Verlag Zettner brachte den Roman 1957 und 1958 in zwei Ausgaben in Deutschland heraus, wo er erst ab diesem Zeitpunkt bekannt geworden sein dürfte. Es gibt eine Lizenzausgabe des Wiener Volksbuchverlags von 1958 und eine für die Büchergilde Gutenberg Wien von 1965. Im Unterschied zu anderen phantastischen Romanen jener Zeit erlebte *Reich im Mond* keine Neuauflage als Heftroman oder Taschenbuch.

Trotz ein paar auffälliger Übereinstimmungen halte ich Langrenus' Roman nicht für »einen der grundlegenden Einflüsse« auf die PERRY-RHODAN-Serie, um noch einmal Hermann Ritter zu zitieren. Es ist nicht einmal bekannt, ob die PR-Erfinder Scheer und Ernsting den Roman gelesen haben. Die vermeintlichen Anleihen verteilen sich auf mehrere PERRY RHODAN-Romane aus unterschiedlichen Zeiten, und es handelt sich dabei nicht um konzeptionell entscheidende Teile in Langrenus' Buch. Die Antarktis, der Mars und Ganymed, alles wichtige Schauplätze bei

 120

Langrenus, kommen im frühen Perryversum nicht vor, und selbst dem Mond kehrt Perry noch in Band 1 wieder den Rücken. *Reich im Mond* und Perry Rhodan erzählen völlig unterschiedliche Geschichten.

Manches war einfach naheliegend. Damals erwartete man geradezu oder hoffte zumindest, auf dem Mond oder dem Mars Spuren von Außerirdischen zu finden. In Scheers zweitem Roman *Stern A funkt Hilfe* (1952) stoßen Raumfahrer von der Erde auf dem Mond auf ein von Robotern gelenktes extraterrestrisches Raumschiff und werden von ihnen zum Irrläufer Ahasver »in Saturnnähe« entführt. Ahasver ist der Name des »Ewigen oder Wandernden Juden«, einer Gestalt einer spätmittelalterlichen Sage. Das war der Name, der in der Perry Rhodan-Serie zunächst für den Arkoniden Atlan vorgesehen war.[4]

Der Name Atlan ist eine simple Ableitung von Atlantis. Der versunkene Inselkontinent spielte schon in den 1920er und 1930er Jahren in deutschen SF-Romanen eine Rolle, unter anderem in der überaus populären Heftromanreihe Sun Koh – Der Erbe von Atlantis von Lok Myler (Pseudonym von Paul Alfred Müller). Ernsting war ein Fan dieser Vorkriegsserie und Müller ein Kandidat für die Aufnahme ins PR-Autorenteam, die daran scheiterte, dass er ein überzeugter Verfechter der Hohlwelt-Theorie war.

Kugelraumer hat es lange vor Langrenus und Perry Rhodan gegeben. Das Raumschiff, das Hans Dominik 1908 in einer Kurzgeschichte auf *Die Reise zum Mars* schickt, ist »ein kugelförmiger Körper«. Ein recht detailliert gezeichnetes Exemplar zierte im Februar 1928 das Titelbild des amerikanischen Pulp-SF-Magazins Amazing Stories (das Scheer und Ernsting vermutlich nicht kannten). Ein außerirdisches Kugelraumschiff, das drei Ingenieure in den Anden finden, war Titel gebend für den Roman *Blaue Kugel*,

---

4 Michael Nagula: Perry Rhodan. Die Chronik, Band 1. Höfen 2011, S. 91

den Lok Myler 1938 schrieb und der 1948 und 1954 unter dem Verfassernamen Freder von Holk zwei Neuauflagen erlebte. Scheer selbst ließ in *Stern A funkt Hilfe* auf der Erde einen 24 Meter durchmessenden Kugelraumer bauen, der an einem 19. Juni zu seinem Jungfernflug startet. Dieser Tag war Scheers Geburtstag und der Tag, an dem Perry Rhodan mit der *Stardust* zum Mond abhob. Dass NICK, DER WELTRAUMFAHRER, Held der populären Streifenheft-Comics von Hansrudi Wäscher, ab 1958 mit einem kugelförmigen »Sternenschiff« durch den Hyperraum flog, sei noch erwähnt. Scheer hat bei sich selbst abgeschrieben, aber nicht bei Langrenus.

Wenden wir uns den Lotronen zu. Außerirdische Monster zu schaffen gehört von jeher zum Standardrepertoire eines SF-Autors. Ähnlichkeiten zwischen Lotronen und Halutern sind vorhanden, aber vier Arme und drei Augen (tatsächlich haben die Lotronen noch ein viertes Auge auf dem Hinterkopf und deshalb Rundumsicht, außerdem sprechen sie im Ultraschallbereich) fallen gegen die anatomischen Unterschiede nicht besonders ins Gewicht.

Zur Vernichtung des Planeten Atlan zünden die Lotronen Atombrände. Das ist das Prinzip der Arkonbombe, der PERRY RHODAN-Leser das erste Mal in Band 17 begegneten, als Gucky damit auf Tramp spielt. Vor der Zerstörungskraft des Atombrands hatte schon Hans Dominik 1921 in der Kurzgeschichte *Zukunftsmusik* gewarnt.

»Ara« kommt im Roman nur an drei Stellen als Name für den Mars vor. Dessen Bewohner werden nicht als Aras, Arier oder ähnliches bezeichnet, sondern sind Martier. Daraus kann man keinen Zusammenhang mit den Aras des Perryversums herstellen. Wer weiß, was Scheer durch den Kopf ging, als er einen Namen für die galaktischen Mediziner suchte. Er schrieb auch Piraten-Romane, und dass Seeräuber sich gerne Papageien (Aras) halten, ist seit Robert Stevensons *Schatzinsel* von 1883 ein Genre-Klischee.

 122

Dass in *Das Vurguzz-Imperium* von Hubert Haensel (Perry Rhodan-Taschenbuch 412 aus dem Jahr 1998) Aras ausgerechnet einen geheimen Stützpunkt unter dem Eis der Antarktis haben, ist sicher nur Zufall. *Reich im Mond*, versicherte mir der Autor via Facebook, habe er nicht gelesen, es sei ihm »nie über den Weg gelaufen«.

Leider ist der Roman trotz einer Fülle ungewöhnlicher Ideen sterbenslangweilig. Es gibt so gut wie keine Handlung, das Spannungsniveau wird konsequent auf Null gehalten, es gibt keine Konflikte, keine Pannen, die Protagonisten sind kaum mehr als Namen und Funktionen, die Dialoge dienen nur der Informationsvermittlung, und die einzige namentlich genannte Frau – Fräulein Sandstrøm – darf im zweiten Kapitel mit einer der Hauptfiguren in der Antarktis-Station tanzen. Das Ganze gleicht zu großen Teilen einem populärwissenschaftlichen Vortrag, den jemand über das Projekt bei der Jahrestagung der Gesellschaft für Weltraumforschung gehalten haben könnte.

Interessant ist das Buch trotzdem, und nicht unbedingt wegen der paar Ähnlichkeiten mit Perry Rhodan. Der Leser bekommt ein Gefühl dafür, was sich die Enthusiasten damals von der Raumfahrt versprachen und erhält einen Einblick in den Stand der Weltraum- und Mondforschung anno 1950. Man rätselte über die Natur der Mondkrater, kannte die Oberflächenbeschaffenheit nicht, konnte die Gefährlichkeit der kosmischen Strahlung nicht einschätzen, suchte nach einer Atmosphäre und nach Spuren von Leben. Viele Fragen, die Langrenus aufwarf, wurden erst 20 Jahre später durch die Mondlandungen des Apollo-Programms beantwortet.

Fragwürdiges Verhältnis zur Gewalt

Karl-Herbert Scheer (1928-1991), der erste Chefautor der PERRY RHODAN-Serie, war zweifellos einer der wichtigsten SF-Schriftsteller hierzulande; er hat die Anfänge des Genres in Deutschland nach dem Zweiten Weltkrieg entscheidend mitgeprägt. 2018 hat der Verein Terranischer Club Eden (TCE) Scheers ersten Roman – *Piraten zwischen Erde und Mars* – als Fanprojekt wiederveröffentlicht. Erschienen war das Erstlingswerk zwischen dem 28. Oktober 1951 und dem 10. Februar 1952 als Fortsetzungsroman in der Wochenzeitschrift DAS GRÜNE BLATT. Beigelegt war dem Buch ein Faksimile der ersten Folge des Romans im Format DIN-A3 (29,7 x 42 cm). Das Originalformat betrug etwa 50 x 70 cm.

Der erste Roman? An den einschlägigen Stellen im Internet – dem Autorenporträt auf der PERRY RHODAN-Homepage, in der Perrypedia, bei Wikipedia – heißt es übereinstimmend: Scheers Erstlingswerk erschien 1948 unter dem Titel *Stern A funkt Hilfe*. Tatsächlich aber, das haben die Aktiven des TCE bereits 2006 im Gedächtnisband *Kommandosache K. H. Scheer* gezeigt, wurde *Stern A funkt Hilfe* erst 1952 veröffentlicht – und zwar gleich zweimal, als »Manuskript« (was wohl bedeutet: von Scheer

125 🚀

selbst finanziert) im Umschau-Verlag sowie als Leihbuch im Reihenbuch-Verlag (beide Frankfurt/Main). Außerdem erschien er 1953 in Fortsetzungen im GRÜNEN BLATT. Im Anhang zu den *Piraten* wird das in Auszügen dargestellt. Auch an anderer Stelle findet man entsprechende Hinweise auf das Primat der *Piraten*, zum Beispiel im Portal www. sf-leihbuch.de.

Im Unterschied zu anderen Wiederveröffentlichungen der *Piraten*[1], für die der Text überarbeitet wurde, haben die Herausgeber Kurt Kobler und Joachim Kutzner sowie ihre Mitstreiter vom TCE die Originalfassung aus dem GRÜNEN BLATT verwendet – einschließlich der Einteilung der einzelnen Folgen, der Vorschauen, Zusammenfassungen und der Originalillustrationen von Arno Bierwisch. In einer »Nachlese der Redaktion« erläutern sie unter anderem, vor welchen Schwierigkeiten sie dabei gestanden haben, wie weit sie in den Text eingegriffen haben und welche Änderungen in späteren Veröffentlichungen (die alle unter dem Titel *Piraten zwischen Mars und Erde* erschienen) vorgenommen wurden.

Piraten zwischen Erde und Mars mit dem Untertitel »Ein Bericht von morgen« ist ein Agententhriller und spielt im Jahr 1982 (»Längst waren die Spuren des Zweiten Weltkriegs getilgt«, S. 23). Die erste Landung auf dem Mars liegt zwölf Jahre zurück, der rote Planet ist besiedelt. Dort wurde das Element Halldronium entdeckt, ein Wunderstoff, der alle Energieprobleme der Erde löst. Als innerhalb kürzester Zeit fünf Transportraumer, die das Halldronium tonnenweise zur Erde bringen, sowie eine Raumstation verschwinden, werden vom Geheimdienst der Vereinigten Staaten von Europa (Hauptstadt Berlin) zwei Raumpiloten – Hans Schröder, der »kaum dreißgjährige 1,95 Meter gro-

---

1 Zum Teil stark gekürzte Nachdrucke erschienen als LUNA UTOPIA-Roman 28, als Terra Extra 36 und als UTOPIA BESTSELLER 42. Eine niederländische Übersetzung mit dem Titel Piraten tussen Mars en Aarde wurde 1961 in der Reihe SCHORPIOEN UTOPIA-Roman veröffentlicht.

Karl-Herbert Scheer: *Piraten zwischen Erde und Mars*. Ein Bericht von morgen. Hrsg. von Kurt Kobler & Joachim Kutzner (Terranischer Club Eden). Format Din A5, Softcover. 154 Seiten. Farbiges Titelbild: Alexander Braccu.

ße Herkules« (S. 29) und sein Freund Fritz Schulze – in die geheimnisvolle Organisation der Raumpiraten eingeschleust, um deren Handwerk zu legen. Die beinahe James-Bond-mäßige Mission mit Funkgerät im Feuerzeug und einer als Pfeife getarnten Schusswaffe, zwei Jahre vor dem ersten Bond-Roman von Ian Fleming (*Casino Royal* erschien 1953), geht natürlich fast schief, aber am Ende sind die Piraten vernichtet, das gestohlene Halldronium sichergestellt, und der deutsche Held findet die Liebe seines Lebens.

Der Roman ist ein noch unausgegorenes Erstlingswerk mit vielen sprachlichen und erzählerischen Schwächen, dem der Mief der 50er Jahre anhaftet, aber mit erkennbarem Potenzial. Scheer weiß Spannung zu erzeugen und eine Handlung durch Action und unerwartete Wendungen voranzutreiben, ist erfindungsreich bei den Details, kümmert sich aber kaum um seine Figuren. Hier bedient er sich gängiger Klischees und Stereotypen: Der undurchsichtige Chinese, der Whisky trinkende Amerikaner, der geniale, aber teuflische Wissenschaftler, der heroische Deutsche und sein getreuer Gefährte treten auf und eilen mit hölzernen Dialogen durchs All.

Technik spielt eine zentrale Rolle. In Scheers ausgehendem 20. Jahrhundert fahren Elektroautomobile durch Berlin, benutzen Menschen Transport-Fließbänder, treiben »Atomkraftmaschinen« Raumschiffe an. Der letzte Schrei sind Elektrofeuerzeuge, mit denen sich die Raumschiffkapitäne ihre Pfeifen anzünden (Scheer war selbst Pfeifenraucher). Der Fortschrittsglaube ist ungebrochen. Im Überschwang ignoriert Scheer aber Naturgesetze und lässt die Raumschiffe unmögliche Manöver fliegen: Jeder aufgeweckte Oberschüler konnte sich 1951 ausrechnen, dass ein Raumschiff, das stunden- oder gar tagelang mit »Beschleunigung 10« ($9,81\,m/sec^2$) durchs All jagt und dabei Geschwindigkeiten von einer Millionen Stundenkilometer und mehr erreicht, nicht einfach eine »scharfe Linkswendung« (S. 104) machen kann, ohne zerrissen zu werden (davon abgesehen wären die Raumschiffe nach Scheers eigener Beschreibung in Folge 2 des Romans weder zu solchen Beschleunigungswerten noch zu solchen Manövern in der Lage gewesen).

Aber drücken wir ein Auge zu, hier steht die Action einfach im Vordergrund. Da lässt es Handgranaten-Herbert, wie er später genannt wird, krachen. In einem anderen Fall ist Nachsicht fehl am Platze. Scheers Haltung zur Gewalt, wie sie sich in den *Piraten* manifestiert, war sicher auch vor 70 Jahren fragwürdig.

In dem Roman werden die Konflikte mit Gewalt gelöst. Dabei ist sie nicht die Ultima Ratio, also das letzte Mittel, wenn alle anderen versagen, sondern das einzige Mittel. Dass die Raumpiraten skrupellos und zu allem bereit sind – »Sollte sich jemand nähern, ruhig eintreten lassen und dann umlegen.« (S. 41) – wundert nicht. Aber auch Protagonist Hans Schröder, der zu den Guten gehört, ist alles andere als zimperlich. In die Unterwelt führt er sich ein, indem er eine Prügelei provoziert und einen Boxweltmeister niederstreckt. Als sich später an Bord des Piratenschiffs die Lage zuspitzt, geht er buchstäblich über Leichen: Ob-

wohl er eben noch alles daran gesetzt hat, die Vernichtung eines Raumschiffs durch die Piraten zu verhindern, um Menschenleben zu retten, exekutiert er bald darauf einen Anführer der Freibeuter durch einen gezielten Kopfschuss und bringt anschließend 70 »Gangster«, die er auf der Raumstation dank einer List in einem Raum eingesperrt hat, um, indem er ein Loch in die Außenwand sprengt, wodurch die Atmosphäre ins Vakuum des Weltraums entweicht und die Eingeschlossenen ersticken. Dazu hatte er vorher dort Sprengstoff deponiert.

Bei Scheer sind aber nicht nur Individuen wenig zimperlich, sondern auch der Staat ist gewalttätig und handelt rücksichtslos. Das irdische Hauptquartier der Raumpiraten, eine befestigte Insel im Ozean, wird vom Geheimdienst mit einer Atombombe zerstört – ohne Warnung, ohne Ultimatum: »Als nach Minuten die pilzförmige Feuer- und Wassersäule wieder in sich zusammensank, war die flache Insel [...] spurlos verschwunden« (S. 126). Über das Ende von Daisy Merlton, der Chefin der Raumpiraten, die auf der Flucht mit ihrem Raumschiff ins Fadenkreuz des Verfolgers gerät, schreibt Scheer: »Die beiden starr eingebauten Kanonen [des Verfolgers] begannen zu dröhnen, das rasende Hämmern der zahlreichen leichten Maschinenwaffen drang trotz der Hörmuscheln des Bordfunks in die Ohren der Männer. Zwei Sekunden war die verglaste Bugkanzel des Jagdkreuzers war [sic!] in grelle Glut getaucht... Der Kanonier [...] sah, daß sich das Piratenschiff mit Daisy Merlton und ihrem Funker in einer grellweiße Sonne verwandelte, von der aus glühende Metallteile nach allen Himmelsrichtungen fortspritzten« (S. 135 f.).

Kurt Kobler, ein bekennender Scheer-Fan, bezeichnet die *Piraten* in seinem Vorwort als den »wichtigsten deutschen Science-Fiction-Roman nach dem Zweiten Weltkrieg«. Er hat insofern recht, als es mit der Schriftstellerkarriere von Scheer ohne den Erfolg von *Piraten zwischen Erde und Mars* im GRÜNEN BLATT womöglich gleich zu Ende gewesen wäre und die SF in Deutschland eine andere Richtung genommen hätte – ob zum Besseren oder Schlechteren, lassen wir mal dahingestellt (darüber streiten Kritiker und Fans seit Jahrzehnten). Jedenfalls hätte es die PERRY RHODAN-Serie ohne Scheer nicht gegeben. Dieser werkbiografische Aspekt rechtfertigt die Wiederveröffentlichung des Romans. Ansonsten hätten die *Piraten* ruhig für immer in Vergessenheit geraten können.

 130

Im Schutz von Supronyl

Leihbücher und Heftromane stillten in der jungen Bundesrepublik den Hunger nach preiswertem, unterhaltsamem Lesestoff. Im normalen Sortimentsbuchhandel und den meisten öffentlichen Bibliotheken war diese Art von Literatur nicht zu finden, sie war dort geradezu verpönt. Zudem konnte sich ein Großteil der Bevölkerung in der kaufkraftarmen Nachkriegszeit in Leinen oder gar Leder gebundene Bücher nicht leisten. Die ersten Heftromane nach der Währungsreform von 1948 kosteten 40 oder 50 Pfennig, und ebenfalls für ein paar Groschen konnte man sich die deutlich umfangreicheren Leihbücher für eine Woche mit nach Hause nehmen.

Die Zahl der Leihbüchereien, von denen die meisten als Nebenerwerb in Kiosken, Drogerien oder sogar in Buchhandlungen betrieben wurden, stieg von einigen Hundert gleich nach Kriegsende auf knapp 28.000 im Jahr 1960. Sie sollen über einen Bestand von etwa 20 Millionen Bänden verfügt haben. Danach ging die Zeit der Leihbücher langsam zu Ende. Grund dafür war nicht nur, dass mit den Taschenbüchern Anfang der 1960er Jahre eine starke, preisgünstige Konkurrenz auf den Markt drängte. Die Leihbücher hatten wohl auch mit Qualitätsproblemen zu kämpfen. Die Heftroman- und Taschenbuch-Verlage zahlten mehr, die Leihbuchverlage verloren die besseren Au-

toren. Mitte der Siebzigerjahre gaben die letzten Leihbuchverlage auf.

Das Leihbuch hatte üblicherweise ein Format von 18
mal 12,5 Zentimetern, um die 270 Seiten Umfang und war
auf dickem, holzhaltigem Papier gedruckt. Der farbig illustrierte (Papp-) Deckel und der Buchrücken wurden mit einem Überzug aus Supronylfolie versehen. Supronyl ist ein
weicher, transparenter Kunststoff, der das Buch vor Ver-
schmutzung schützen sollte. Die Leihbücher wurden mit
einem Schutzumschlag ausgeliefert, der dasselbe Motiv
zeigte wie der Buchdeckel.

Über die Jahre brachten mehr als zweihundert auf Leihbücher spezialisierte Verlage kontinuierlich Neuerschei-
nungen auf den Markt, der von Liebes- und Arztromanen,
Western, Abenteuergeschichten und Krimis beherrscht
wurde; das utopisch-phantastische Genre war weniger
gefragt. Die Nachfrage sorgte für einen großen Bedarf an
Autoren. Einer von ihnen war der junge Karl-Herbert
Scheer (1928-1991). Seine ersten Leihbücher, die Science
Fiction-Romane *Piraten zwischen Mars und Erde* und
Stern A funkt Hilfe sowie der Krimi *Bakterien*, erschienen
1952 im Frankfurter Reihenbuch-Verlag, für den er insgesamt 18 Romane verfasste. 1952 war auch das Jahr, in
dem der Rastatter Erich Pabel Verlag mit der JIM-PARKER-
Serie in den UTOPIA-Zukunftsromanen die erste Science
Fiction-Heftromanreihe auf den westdeutschen Markt
kam. Als Redakteur der Nebenreihe UTOPIA GROSSBAND war
ab 1954 Walter Ernsting alias Clark Darlton (1920-2005)
tätig, neben Scheer einer der einflussreichsten deutschen
SF-Autoren jener Zeit.

Nach einem Intermezzo beim Pfriem-Verlag Wuppertal
war Scheer ab 1956 Stammautor bei Balowa und Widukind,
zwei Leihbuch-Verlagen der Druckerei Gebr. Zimmermann
in Balve im Sauerland, die zu den größten in Westdeutschland gehörten. Das sicherte ihm ein gutes Einkommen. Bei

Der Schutzumschlag des ersten PERRY RHODAN-Leihbuchs, das 1962 im Widukind-Verlag erschien.

Balowa erschienen von 1957 bis 1965 unter anderem die ersten achtzehn Romane seiner legendären Reihe ZUR BESONDEREN VERWENDUNG (ZBV) um die Agenten Thor Konnat und Hannibal Utan. Sie wurden ab 1958 in den Heftroman-Reihen TERRA des Münchner Arthur Moewig Verlags und UTOPIA wiederveröffentlicht. Auch andere Zimmermann-Leihbücher wurden, ebenfalls stark gekürzt, in Romanheften zweitverwertet.

Es bestanden also langjährige enge Kontakte und eine eingespielte Zusammenarbeit zwischen den Verlagen, als die von Scheer und Ernsting konzipierte PERRY RHODAN-Heftromanserie im September 1961 von Moewig auf den Markt gebracht wurde. Schon wenige Monate später brachte der Widukind-Verlag das erste PERRY RHODAN-Leihbuch heraus. Es hieß, wie der erste Heftroman, *Unternehmen STARDUST* und enthielt außer diesem von Scheer verfassten Roman den zweiten Band der Serie, *Die dritte Macht* von Clark Darlton. 1962 erschienen zwei weitere Leihbücher – *Götterdämmerung* und *Das Mutantencorps* – ebenfalls mit jeweils zwei von Scheer leicht überarbeiteten PR-Heftromanen. Bis 1968 wurden 56 PERRY RHODAN-Leihbücher veröffentlicht.

Wie Helmut Levermann, der damals als junger Mann bei Zimmermann für die Leihbücher zuständig war, in einem Telefonat mit dem Verfasser erzählte, wurden einmal im Monat zehn bis 15 Bücher aller Genres gedruckt und gebunden. Dann klapperte er mit einem Fahrer im Firmenbulli die etwa zehn Verlagsvertreter in ganz Deutschland ab, die wiederum mit den Büchern im Gepäck die Leihbüchereien in ihren Gebieten aufsuchten. Die Auflagen lagen nach Levermanns Angaben zwischen 2000 und 3000.

Als Autor ist auf dem Umschlag des ersten PERRY RHODAN-Leihbuchs nur Scheer angegeben, womöglich weil er das »Zugpferd« des Verlages in Sachen SF war. Im Buch werden Scheer und Walter Ernsting (nicht Clark Darlton) als Verfasser genannt. Titel und Untertitel (*Sie kamen aus den Tiefen der Galaxis – nie hatte man mit ihnen gerechnet*) wurden vom Original übernommen. Das farbenfrohe Umschlagbild zeigt zwei in rote Raumanzüge gekleidete Männer in einer futuristisch anmutenden Umgebung. Es unterscheidet sich deutlich vom Titelbild des Heftromans. Die Titelbilder der PR-Leihbücher sind von Johnny Bruck, der bis zu seinem Tod 1995 auch alle Titelbilder der Heftromane gemalt hat.

Das versicherte Helmut Levermann, der sich an den Namen allerdings nicht mehr erinnerte. Im Telefonat erzählte der Verlagsmitarbeiter, dass der Künstler »in der Nähe von München in einem Bauernhaus« gewohnt und er ihn dort einmal besucht habe. Als Titelbildkünstler genannt ist Bruck nur in den Bänden 11 bis 39. Alle Leihbücher ziert ein Logo mit der Aufschrift »Perry Rhodan | Der

134

Erbe des Universums«. Auf der Rückseite
des Schutzumschlags von
Band 1 ist eine
ganzseitige Wer-
bung für den Fol-
band mit dem
Titel *Götterdäm-
merung* zu sehen.

So warb der Klappen-
text für das Buch:

Das Logo der
PERRY RHODAN-
Leihbücher

*Als sie am 19. Juni 1971 ihr Raumschiff bestiegen und
der bemannte Mondstart begann, waren sie voll Hoffnung
und Zuversicht. Die Angst kam erst später. Vier Raumpiloten der US-Air-Force rasen in den Himmel, aber sie ahnen
dabei nicht, daß ihre Namen in die Geschichte der
Menschheit eingehen werden. Die Mondlandung erfolgt
unter eigentümlichen Umständen, zu eigenartig, um noch
mit normalen Versagern erklärt werden zu können. Die
»Stardust« schlägt hart auf und ein automatisches Funkgerät gibt QQRXQ auf Kanal 16.*

*Major Perry Rhodan, der Chef der Expedition, ist sich
darüber klar, daß man den vorgesehenen Landeplatz ver-
fehlt hat. Rhodan riskiert alles, als er unter größten
Schwierigkeiten zu jenem Ort vorstößt, wo man den fremden Störsender geortet hat. Die erste Begegnung zwischen Mensch und Fremdintelligenz findet unter abstrak-
ten, atemberaubenden Geschehnischen [sic!] statt.
Schließlich ist es die technisch-wissenschaftliche Macht
der Arkoniden, die Rhodan dazu zwingt, nach der erfolgten
Rückkehr zur Erde zum Weltfeind No. 1 zu werden.*

*Ein Atomkrieg wird im Keime erstickt. Spaltstoffreaktio-
nen sind unmöglich, wenn die freien Neutronen gebunden
werden. Ein nichtirdisches Atomgeschütz eröffnet das
Wirkungsfeuer auf einen öden Landstrich der Sahara, und*

Captain Reginald Bull verblüfft die Menschheit und einen fähigen Arzt.

Die Geburtsstunde der Enzyklopädia Terrania hat geschlagen. Der Mensch beginnt kühl und alles riskierend nach den Sternen zu greifen. Ein galaktisches Imperium steht auf tönernen Füßen. Es ist Perry Rhodan, der in klarer Konsequenz die nötigen Schlüsse zieht, die da heißen: »Wir sind Terraner, niemals aber Weiße, Gelbe oder Schwarze. Uns ist die Erde und uns wird der Raum gehören!« Zwingende Logik, fundiertes Wissen und klare Sprache zeichnen den ersten Band der Rhodan-Serie aus. Die Geschichte der Neuen Menschheit hat begonnen.

Wie hoch die Auflage der Leihbücher war und wie viele Leser sie fanden, weiß niemand. Das letzte Perry Rhodan-Leihbuch war Band 56 *Die Spezialisten der USO*, der die Heftromane 150 (*Die Spezialisten der USO*) und 156 (*Lemy und der Krötenwolf*) enthielt. 44 Heftromane wurden nicht im Leihbuch veröffentlicht. Einzelheiten können Interessierte in der Online-Enzyklopädie Perrypedia unter dem Stichwort »Leihbücher«[1] nachlesen.

Die Perry Rhodan-Autoren der ersten Stunde hatten – bis auf Kurt Mahr (1934-1993) – eine Vergangenheit als Verfasser von Leihbüchern, bevor sie Heftromane schrieben. Alle Werke aufzuführen, würde den Rahmen sprengen; hier muss eine Auswahl reichen. Wer mehr wissen will, wird in der Online-Datenbank sf-leihbuch.de fündig.

K. H. Scheer verfasste mehr als 60 Leihbücher, außer seinen SF-Romanen Kriminal-, Piraten- und Abenteuerromane unter Pseudonymen wie Alexej Turbojew oder Pierre de Chalon. Seine letzten eigenständigen Leihbücher, *Gegenschlagsprogramm »Kopernikus«* (ZBV 18) und *Die Männer der Pyrrhus*, erschienen 1965 bei Balowa.

---

1 https://www.perrypedia.de/wiki/Leihb%C3%BCcher

Walter Ernsting brachte es auf elf Leihbuch-Romane, an zwei weiteren war er als Co-Autor beteiligt, alle unter dem Pseudonym Clark Darlton. Er war insofern eine Ausnahme, weil er als Autor und Redakteur der UTOPIA-Großbände schon ein Standbein im Heftroman-Sektor hatte, bevor er 1956 für den Zwei-Schwalben-Verlag (Hannoversch Münden) den Roman *Überfall aus dem Nichts* verfasste. Außerdem übersetzte Ernsting für Leihbuch-Verlage Romane aus dem Englischen.

Winfried Scholz (1925-1981), der vier PERRY RHODAN-Romane schrieb, hatte als Leihbuch-Autor einen großen Output und gehörte zu den bekanntesten deutschen SF-Autoren seiner Zeit. Als W. W. Shols verfasste er 42 Romane. 25 schrieb er unter dem Verlagspseudonym W. oder William Brown.

Diesen Namen teilte er sich unter anderem mit Hans Peschke (1923-1994) alias Harvey Patton, der es auf 15 Leihbücher brachte. Als Harvey Patton hat Peschke einen PERRY RHODAN-Roman und zahlreiche ATLAN-Heftromane verfasst.

Kurt Brand (1917-1991) betrieb selbst eine gut eingeführte Leihbücherei in Köln, bevor er mit dem Schreiben anfing. Er verfasste 23 SF-Leihbücher (davon neun als C. R. Munro und einen als Lars Thorsten), bevor er 38 PR-Heftromane schrieb. Er war auch als Western-Autor tätig.

Das Werksverzeichnis von William Voltz (1938-1984) enthält nur ein Leihbuch. Sein Erstling *Sternenkämpfer* erschien 1958 im Wiesemann-Verlag Wuppertal, fünf Jahre vor seinem ersten PERRY RHODAN-Roman. Das Buch wurde von den Mitgliedern des Science-Fiction-Clubs Deutschland (SFCD) zum »schlechtesten Roman des Jahres« gewählt (wobei eine Rolle gespielt haben könnte, dass Voltz in jenem Jahr zusammen mit Scheer aus Verärgerung über den von Walter Ernsting geführten SFCD den Konkurrenzclub STELLARIS SF-Interessengemeinschaft gegründet hatte).

Auch Hans Kneifel (1936-2012), der 1968 zu PERRY RHODAN kam und schon als Autor der zweiten Generation gilt, debütierte als Leihbuchautor. *Uns riefen die Sterne* erschien 1956 im Awa-Verlag in München. Kneifel kam auf drei Leihbücher.

Leihbücher sind inzwischen ein beliebtes Sammelgebiet. Das gilt besonders für das Phantastik-Genre und erst recht für PERRY RHODAN. Titel aus weniger nachgefragten Gebieten sind heute selbst in gutem Zustand für ein paar Euro zu bekommen, eines der 56 PR-Leihbücher wird man dagegen kaum für unter 30 Euro erwerben können, und bei Band 1 kommt man schnell an die 100-Euro-Grenze.

Literatur

• Jörg Weigand: Träume auf dickem Papier. Das Leihbuch nach 1945 – ein Stück Buchgeschichte. 2. Aufl. Baden-Baden, 2018.

• Jörg Weigand: Das utopisch-phantastische Leihbuch nach 1945. Eine Bestandsaufnahme. Lüneburg 2019.

• Achim Schnurrer: Für ein paar Groschen … - Science Fiction in gewerblichen Leihbüchereien. PERRY-RHODAN-Report 368-373. Rastatt 2004.

Das aufgeräumte Sonnensystem

Der amerikanische SF-Blogger James Wallace Harris hat einmal darüber sinniert, wie sich die Science-Fiction durch die Erkenntnisse aus der Erforschung des Sonnensystems mit Planetensonden verändert hat[1]. Dies und ein ungewöhnlicher Schauplatz in der 2017 erschienenen PERRY RHODAN-Miniserie *Terminus*, der Zwergplanet Orcus, haben mich veranlasst zu untersuchen, auf welchem Stand der astronomischen Erkenntnisse über das Sonnensystem die größte Weltraumserie ist und ob und inwieweit aktuelle Forschungsergebnisse aus der Zeit nach dem Start der wöchentlichen Heftromanserie im September 1961 eingeflossen sind. Die umgekehrte Perspektive, die des Perryversums, hat Michael Thiesen 2013 in der Beilage *Einmal Neptun und zurück* zu Heft 2700 (*Der Technomond* von Andreas Eschbach) dargestellt. Obwohl es sich nicht um Fakten aus einem Roman handelt, kann der Text als Referenz genommen werden, weil er – wie der Roman – von der zuständigen Redaktion abgesegnet wurde und somit als dem Perryversum zugehörig (kanonisch) angesehen werden kann.

---

[1] https://auxiliarymemory.com/2018/07/17/science-fiction-before-nasa/

Als die Perry Rhodan-Serie an den Start ging, begann auch die Erkundung unseres Sonnensystems mit Raumsonden. Bereits 1959 war die sowjetische Sonde Lunik 1 nach drei vorherigen Fehlschlägen am Mond vorbeigeflogen. Marsnik 1 und 2, zwei 1960 gestartete sowjetische Marssonden, erreichten die Erdumlaufbahn nicht. Im Februar 1961 scheiterten mit Sputnik 7 und Venera 1 die ersten Versuche der Sowjetunion, eine Sonde zur Venus zu schicken. Die USA gingen 1962 ins Rennen, Mariner 2 konnte trotz einiger Pannen im Vorbeiflug die ersten Daten über die Beschaffenheit von Oberfläche und Atmosphäre der Venus ermitteln.

Perry Rhodan war da erfolgreicher, schließlich verfügte er nach seiner Mondlandung über die der irdischen weit überlegene Arkonidentechnik. Schon im Oktober 1961 Realzeit beziehungsweise 1972 in der Handlungszeit[2] ließen ihn die Autoren *Die Venusbasis* (PR Band 8) erreichen: »Das Land war bis zu seinen höchsten Bergspitzen mit undurchdringlichem Dschungel bedeckt.« Die Atmosphäre auf dieser feucht-heißen Urwelt ist atembar. Auf dem Planeten gedeiht eine üppige Flora und Fauna mit fleischfressenden Riesenwürmern, Insekten, Dinosauriern und einer halbintelligenten, robbenähnliche Rasse. Starke Temperaturunterschiede zwischen der Tag- und der Nachtseite des Planeten sorgen für heftige Stürme, bedrohlich sind »sintflutartige« Regenfälle, die ganze Landstriche unter Wasser setzen. Trotzdem lassen die Autoren schon wenige Monate später *Im Dschungel der Urwelt* (PR 24, 1981 i. P.) die ersten Siedlungen entstehen.

Dass die Venus ein Dschungelplanet war oder zumindest sein könnte, war zu jener Zeit noch eine weit verbreitete populäre Vorstellung, ein Klischee ähnlich den Kanälen auf dem Mars. Die undurchdringliche Wolkendecke, die eine Beobachtung von der Erde aus unmöglich macht,

---

2 Jahreszahlen aus der Serie werden so abgekürzt: 1972 i. P. (i. P. = Jahr im Perryversum).

sorgte dafür, dass der Phantasie keine Grenzen gesetzt wurden. Bedeutende SF-Autoren wie Edgar Rice Borroughs, Stanley G. Weinbaum, Frederik Pohl, C. M. Kornbluth oder Robert A. Heinlein ließen in den 1930er- und 1940er Jahren Geschichten auf dem dampfenden Dschungelplaneten spielen.

Die wissenschaftliche Grundlage für dieses Venus-Bild wurde von dem schwedischen Chemie-Nobelpreisträger Svante Arrhenius (1859-1925) in seinem Buch *Stjärnornas Öden* von 1915 gelegt. Es wurde in zahlreiche Sprachen übersetzt, auf Deutsch erschien *Der Lebenslauf der Planeten* 1919. Arrhenius hatte auf Grund der Sonneneinstrahlung für die Venus eine mittlere Temperatur von 47 Grad Celsius berechnet. Die Luftfeuchtigkeit sollte »sechsmal so stark« sein wie die mittlere Luftfeuchtigkeit auf der Erde. »Es lässt sich darum leicht denken, daß dort alles von Näße trieft«, schrieb er. Nach seiner Überzeugung gab es auf der Venus eine üppige Vegetation »wie zur Steinkohlezeit auf der Erde«. Arrhenius schloss auch primitives tierisches Leben nicht aus, ging aber nicht näher darauf ein.

Derartige Umweltbedingungen waren aber schon zu der Zeit, als Kurt Mahr *Die Venusbasis* schrieb, längst nicht mehr mit dem Stand der Wissenschaft vereinbar. Seit Mitte der 1950er-Jahre war bekannt, dass die Atmosphäre fast ausschließlich aus Kohlendioxid bestand, und die Oberflächentemperatur deutlich über 300 Grad lag. Die Venus-Expeditionen der Sowjetunion und der USA bestätigten dieses Erkenntnisse. Nach und nach verbreitete sich die Einsicht, dass die Venus ein absolut lebensfeindlicher Planet war. Damit war die Dschungelwelt als Schauplatz für Science-Fiction-Storys gestorben.

Die Verantwortlichen der Perry Rhodan-Serie lösten das vermeintliche Dilemma ganz einfach: Sie ließen die Venus, wie sie war, um die Kontinuität in der Geschichte des Per-

141 

ryversums zu erhalten. William Voltz schrieb 1979 im Vorwort zum PERRY RHODAN-Silberband 2 *Das Mutantenkorps*, in dem die Heftromane 6 bis 8, 10 und 11 in überarbeiteter Form zusammengefasst wurden: »Wir wissen aber inzwischen aus den Daten, die verschiedene Sonden zur Erde schickten, daß es auf dem Abendstern völlig anders aussieht. Für uns war dies kein Grund, die Handlung dieses Buches völlig neu zu gestalten ...«

Das wurde allerdings von den Autoren nicht konsequent durchgehalten, es gibt einige Ausreißer. Nach letzter offizieller Lesart in der Beilage zu PR 2700 ist im Jahr 1514 NGZ[3] »unsere Venus... auf jeden Fall die angenehmere Variante, wenn man für Dschungel, Wärme und eine exotische Flora und Fauna etwas übrig hat«.

Die übrigen Planeten und Monde des Sonnensystems tauchten in den frühen PERRY RHODAN-Romanen nicht oder nur am Rande auf. Statt sich vor der eigenen Haustür oder in der Nachbarschaft des Sonnensystems umzusehen, zieht es Rhodan ins 27 Lichtjahre entfernte Wega-System, und wenig später unternimmt er einen *Vorstoß nach Arkon* (PR 38), ein fiktives Sonnensystem in 34.000 Lichtjahren Entfernung.

Überhaupt brachten die Autoren dem eigenen Sonnensystem in astronomischer Hinsicht wenig Interesse entgegen. Im Grunde zeichneten Karl-Herbert Scheer & Co. ein simples, schematisches Bild mit der Sonne (Sol) und ihren neun Planeten sowie dem Asteroidengürtel zwischen Mars und Jupiter. Sie haben es aufgeräumt und nur das übrig gelassen, was für die Serienhandlung gebraucht wurde. Keine Spur von erdnahen Asteroiden, Kometen, Meteoroiden oder anderem kosmischen Müll. Dabei hätte allein der Halleysche Komet in der Handlungszeit bisher

---

3 NGZ ist die Abkürzung für Neue Galaktische Zeitrechnung. Sie wurde mit Heft 1000 eingeführt. Das Jahr 1 NGZ entspricht dem Jahr 3588 n. Chr.

 142

etwa 40 Mal im Inneren des Sonnensystems auftauchen müssen.

Der sonnennächste Planet, Merkur, unterscheidet sich im Perryversum in den wesentlichen Punkten nicht von seinem Ebenbild in unserer Wirklichkeit. Er wird allerdings als Einseitendreher, der der Sonne immer dieselbe Seite zuwendet, beschrieben, was nicht korrekt ist. Vielmehr dreht er sich während zweier Umläufe dreimal um seine Achse. Das wurde 1965 durch Radarmessungen entdeckt. Im Perryversum tritt Merkur erstmals in PR 297 (1967, 2406 i. P.) in Erscheinung.

Der Mars, einst ein beliebter SF-Schauplatz, spielt erst in Heft 193 eine Rolle (1965, 2329 i. P.). Womöglich war der Planet für SF-Autoren uninteressant geworden, weil sich herausgestellt hatte, dass die Kanäle Einbildung waren und es dort offenbar nur roten Staub und sehr dünne Luft gab. Im Perryversum wird der Mars einem Terraforming unterzogen.

Über den Jupiter, erstmals in PR 12 (1975 i. P.) erwähnt, gibt es nicht sehr viel zu sagen. Obwohl der Gasriese der größte Planet im Sonnensystem ist, haben die Autoren lange einen großen Bogen um ihn und seine Monde gemacht. Sie tauchen nur gelegentlich in der Handlung auf, sind aber als Schauplätze unbedeutend. Richtig zur Geltung kommt Jupiter erstmals 2011 im JUPITER-Taschenbuch (bzw. 2016 in der daraus entstandenen Miniserie JUPITER), um gleich darauf wieder zu verschwinden. Im Zuge der Handlung im Jahr 1461 NGZ (5048 i. P.) wird der Mond Ganymed zerstört. Wie zwei andere Jupiter-Monde – Kallisto und Europa – wird Ganymed richtig als Eisplanet beschrieben.

Der Ringplanet Saturn im Perryversum unterscheidet sich dagegen erheblich vom Realwelt-Saturn. Statt ein Gasplanet mit einer Wasserstoffatmosphäre wie der Jupiter ist er ein Planet mit einem großen, festen Kern, einer festen Oberfläche und einer Methanatmosphäre – das Ergebnis eines in PR 708 *Zwischenspiel auf Saturn* (3580 i. P.) beschriebenen, schon lange zurückliegenden Umwandlungsprozesses der ursprünglichen Wasserstoffatmosphäre. Es handelt sich hier aber um eine beabsichtigte Abweichung vom realen Saturn, dessen tatsächliche Physik bekannt war.

Der Saturn hatte nach seiner ersten Erwähnung in PR 31 von 1962 mehr als 50 Jahre lang neun Monde (nämlich genau die, die 1962 bekannt waren), und nur zwei davon – Titan und Mimas – spielen eine gewisse Rolle in der Serie; inzwischen hat Uwe Anton in der Mini-Serie *Terminus* einen weiteren, Calypso (wurde 1980 entdeckt), hinzugemogelt. Tatsächlich sind inzwischen mehr als 140 Trabanten bekannt, davon die allermeisten mit einem Durchmesser unter zehn Kilometer. Michael Thiesen spricht von »über 30 Monden«, zählt aber anschließend nur die neun klassischen namentlich auf; seine Angaben zum »Gasriesen« Saturn selbst sind vage.

Titan, erstmals in PR 12 erwähnt, hat im Perryversum eine dünne Atmosphäre aus Methan. Tatsächlich besteht sie zu 95 Prozent aus Stickstoff und ist 1,5-mal so dicht wie die Erdatmosphäre. Thiesen spricht jedoch von einer Stickstoffatmosphäre.

Von den 27 Uranus-Monden sind im Perryversum die fünf sogenannten regulären Monde bekannt, die alle vor Auftakt der Serie entdeckt wurden. Erwähnung finden sie aber erst in Heft 2656 von 2012 (1469 NGZ/5056 i. P.). Die kleinen, irregulären Monde und das Ringsystem, die erst ab 1986 (Voyager-2-Mission) entdeckt wurden, werden nicht erwähnt.

Anfangs wird der Neptun, obwohl seine Atmosphäre größtenteils aus Wasserstoff besteht, als Methanplanet

bezeichnet, in dessen *Meer der Träume* sogar Leben existiert (PR 333, 2436 i. P.). Der Planet hat in der Serie zwei Monde, von denen einer, Nereid, zerstört wird (PR 322, 2436 i. P.). Dass der Planet insgesamt 14 Monde und wie der Saturn Ringe hat, ist im Perryversum unbekannt.

Auch die unmittelbare Umgebung des Sol-Systems kümmert die Autoren nicht. Von den knapp 1000 heute bekannten Sternen und Mehrfachsternsystemen im Umkreis von 50 Lichtjahren um Sol hat nur die Wega (Platz 162 auf der Liste der nächsten Sterne) einen Stammplatz im Perryversum, drei weitere (Capella, PR 13; Alpha Centauri, PR 504; Sirius, PR 163) werden erwähnt, und auch andere helle Sterne des irdischen Nachthimmels, die weiter entfernt liegen, machen sich rar, kommen aber in der Frühzeit der Serie vor (Beteigeuze, PR 49; Rigel, PR 57; Antares, PR 106; Deneb, PR 220; Arkturus, PR 657). Es ist natürlich einfacher, sich neue Sonnensysteme auszudenken, als die Handlung an bestehende Strukturen anzupassen. Die Milchstraße ist eben im Perryversum ein fiktiver Schauplatz, der mit der Milchstraße der Realwelt nur noch den Namen gemein hat. Das gilt erst recht für die anderen Sterneninseln, in die Rhodan und Co. bei ihren außergalaktischen Abenteuer immer wieder vorstoßen: Andromeda, die Große Magellansche Wolke, den Sombreronebel, um nur einige der Serienfrühzeit zu nennen, und zuletzt (ab Band 3230) die 210 Millionen Lichtjahre entfernte Spiralgalaxie NGC 6872.

Eine komplette Anpassung wäre ohnehin unmöglich. Das zeigt nicht nur das Beispiel der Venus. Auch in anderen Fällen ist die Diskrepanz groß, weil Schauplätze der Serie zu einer Zeit beschrieben wurden, bevor in der Realwelt wichtige Entdeckungen über sie gemacht wurden. So ließen die Autoren den Planeten Pluto, der seinerzeit (1971) vermeintlich einsam und verlassen seine Kreise am Rande des Sonnensystems zog, in PR 499 (3438 i. P.) bei Kampfhandlungen zerstören. Von Pluto war damals außer seiner

Existenz kaum etwas bekannt. Erst 1978 wurde der Pluto-mond Charon entdeckt, und ab 1990 wurden jenseits der Neptunbahn außer Pluto weitere Objekte ausgemacht, die den sogenannten Kuipergürtel bilden. Einige sind ähnlich groß wie Pluto, weshalb ihm der Planetenstatus aberkannt wurde und er jetzt zu den Zwergplaneten gerechnet wird. Wie hätten diese Erkenntnisse widerspruchsfrei ins Perry-versum übertragen werden können?

Dennoch sind der Kuipergürtel (dieser Begriff wurde erst um das Jahr 2000 geprägt) und die noch immer hypo-thetische Oortsche Wolke weiter draußen, die als »Hei-mat« der periodischen Kometen gilt, inzwischen ins Perry-versum übernommen worden: Im Jahr 1469 NGZ (5056 i. P.) wird das Sonnensystem in ein Miniuniversum versetzt, und die Erde ist einem Gesteinshagel ausgesetzt: »Die meisten stammen definitiv aus dem Kuiper-Gürtel. Einige mit großer Wahrscheinlichkeit aus der Oortschen Wolke«, heißt es in PR 2604, erschienen 2011. Die Trümmer hätten aber auch woanders herkommen können, etwa aus dem Asteroidengürtel; für die Handlung ist das unerheb-lich. Allerdings weiß Reginald Bull, dass die Oortsche Wolke »Lichtmonate von Terra entfernt« ist. Da die Existenz die-ser Ansammlung astronomischer Objekte, die das Son-nensystem umgeben, schon 1950 von dem Niederländer Jan Hendrik Oort postuliert wurde, ist die Namensnen-nung sogar plausibel. In PR 2700 werden Kuipergürtel und Oortsche Wolke in einem Gespräch zwischen Perry Rhodan und dem Schiffseigner Viccor Bughassidow ausdrücklich genannt. Auch das war ein lässlicher Verstoß gegen den Serienkanon, weil es auf die laufende Handlung keinen Einfluss hatte.

Etwas anders sieht es in der Miniserie *Terminus* aus, die 2017 erschien. In Heft 1, *Zeitspringer* von Uwe Anton, wird 1523 NGZ (5110 i. P.), wenige Jahre nach besagtem Ge-spräch, auf dem Kuipergürtel-Objekt Orcus eine Entde-ckung gemacht. Rhodan selbst reflektiert beim Flug dort-

hin, dass den Menschen des 20. Jahrhunderts die Zwergplaneten des Kuipergürtels »bedrohlich« vorgekommen sein mussten, weil sie »sehr, sehr weit entfernt und geheimnisvoll« waren. Da die Menschheit im Perryversum aber schon 1971 mit den Arkoniden in Kontakt gekommen war und seitdem über die überlichtschnelle Raumfahrt verfügte, kann das nicht stimmen.

Im weiteren Verlauf des Romans, die Handlung spielt jetzt vier Jahre vor der Pluto-Zerstörung, ist von »Tausenden bekannten Objekten in dieser Region« die Rede, von denen »die größten und bekanntesten« namentlich genannt werden: Charon, Orcus (entdeckt 2004) und Ixion (entdeckt 2001). Auch die Ausdrücke »Kuipergürtel« und »Kuiper Belt Objects« fallen in den Dialogen. In diesem Roman überschreibt die Wirklichkeit des Verfassers die des Perryversums.

Die Autoren haben das Sonnensystem des Perryversums allerdings nicht nur vereinfacht, um es den Bedürfnissen der Handlung anzupassen, sondern auch vergrößert. Klingt wie ein Widerspruch, ist aber keiner. Denn im Perryversum hatte das Sonnensystem ursprünglich nicht neun Planeten (einschließlich Pluto), sondern elf. Einer war Zeut, der vor etwa 50.000 Jahren zerstört wurde und dessen Trümmer seither den Asteroidengürtel zwischen Mars und Jupiter bilden[4]. Der andere war Sheehena, der ebenfalls in der Lücke zwischen Mars und Jupiter kreiste und zu einem noch weiter zurückliegenden Zeitpunkt (vor 20 Millionen Jahren) mittels einer technischen Vorrichtung (Purpur-Teufe) versetzt wurde und seitdem als Dunkelplanet Medusa einsam durch die Milchstraße zieht.

Das Fazit: Das Bild des Sonnensystem im Perryversum entspricht nahezu unverändert dem Kenntnisstand bei

---

4 Dass der Asteroidengürtel der Rest eines zerbrochenen Planeten ist, ist eine inzwischen verworfene Hypothese aus dem 19. Jahrhundert (siehe Seite 114).

der Seriengründung. Neuere astronomische Erkenntnisse wurden so gut wie gar nicht aufgenommen, einerseits um, wie bei der Venus, die Kontinuität zu wahren, andererseits wohl auch aus Desinteresse und fehlendem Anreiz. Wo es doch einmal geschah, wie beim Kuipergürtel, blieb es nicht ohne Widersprüche zur Serienhistorie. Man darf aber eines nicht vergessen: PERRY RHODAN ist Fiktion, kein Abbild der Wirklichkeit. Die Leser sollen unterhalten, nicht belehrt werden.

Ein Wort macht Karriere

Vor 100 Jahren erblickte der Roboter das Licht der Welt, allerdings nicht das Ding an sich, sondern das Wort in dem Sinn, wie wir es heute verstehen. Der tschechische Schriftsteller Karel Čapek (1890-1938) verwendete den Begriff in dem 1920 in Prag erschienenen und 1921 uraufgeführten Drama *R.U.R.* Die Abkürzung steht für Rossumovi Univerzální Roboti (Rossums Universalroboter), ein Unternehmen, das menschenähnliche »roboti« in Tanks züchtet, billige und recht- und seelenlose Arbeiter, die schließlich aufbegehren und die Menschheit vernichten. Heute würden wir Čapeks »roboti« als Androiden bezeichnen, während ein Roboter ein Automat ist, eine mehr oder weniger selbstständig agierende, oft menschenähnliche Maschine.

Das Wort »robot«, das Čapek auf Anregung seines Bruders Josef verwendete, ist abgeleitet vom slawischen Ausdruck »robota« beziehungsweise dem Spätmittelhochdeutschen »robater«, womit die Fronarbeit im Feudalsystem bezeichnet wurde. In diesem Sinn wurde es schon vor 1920 verwendet, etwa in dem 1848 in Breslau erschienenen Werk *Geschichte und Verhältnisse der gutsherrlichen Robot-Ackernahrungen, Gärtner- und Häuslerstellen in Oberschlesien* von Friedrich Wilhelm Langer oder dem Aufsatz *Der Robot am Anfang und am Ende des*

149

neunzehnten Jahrhunderts von Gustav Lewinstein, der 1900 in der Schriftenreihe VOLKSWIRTSCHAFTLICHE ZEITFRAGEN der Volkswirtschaftlichen Gesellschaft in Berlin veröffentlicht wurde. In Polen gab es in den 1920er Jahren noch das Wydawnictwo Ministerstwa robót publicznych, das Ministerium für öffentliche Arbeiten.

Der »robot« ist keine Erfindung des 20. Jahrhunderts. Die Idee eines künstlich erzeugten Menschen geht bis in die Antike zurück, und als die Gesellschaft zunehmend mechanisiert wurde, tauchten die ersten Automaten auf, die Menschen nachahmten und, angetrieben von Uhrwerken oder Dampfmaschinen, so etwas wie Lebendigkeit simulierten. Ab Mitte des 19. Jahrhunderts fanden sie Eingang in die Literatur. *The Steam Man of the Prairies* von Edward S. Ellis, eine dime novel (Groschenheftroman) aus dem Jahr 1868, gilt als erster Roboterroman der Literatur-

geschichte, obwohl es sich bei dem Titel gebenden »Dampfmann« um eine anthropomorphe Zugmaschine, aber nicht um einen Automaten oder gar um ein eigenständig agierendes Maschinenwesen handelt.

In Deutschland, das Anfang des 20. Jahrhunderts führend in den Ingenieurwissenschaften war, war 1908 ein Roboter in der typischen Form als eckiger »Blechkumpel« auf dem Titelbild von Band 4 *Die künstlichen Menschen«* der Buchreihe Thomas Alva Edison der grosse Erfinder der Schreiterschen Verlagsbuchhandlung Berlin zu sehen. Er wird offenbar über Transmissionsriemen angetrieben, wobei unklar bleibt, welche Funktion er hat. In den 1920er Jahren machten Titel wie *Der Panzermensch* (1926, Mignon-Verlag Dresden) oder *Der Automatenmensch* (1929, Glöckner-Verlag Wien) Leser mit der Idee des Roboters vertraut.

Früh kamen Maschinenwesen in Filmen vor. Georges Méliès, der 1902 mit *Le Voyage dans la Lune* den ersten (erhaltenen) Science-Fiction-Spielfilm drehte, soll auch den ersten Roboter auf die Leinwand gebracht haben. Der 1897 entstandene Kurzfilm *Gugusse et l'Automate*, der von der Begegnung eines Clowns mit einem menschenähnlichen Automaten handelte, ist allerdings verschollen. In dem 1911 von Walter R. Booth gedrehten Kurzfilm *The Automatic Motorist* spielt ein Roboter-Chauffeur die Hauptrolle. Den Film findet man leicht auf Youtube. Der bekannteste Roboter der frühen Filmgeschichte ist der Maschinenmensch in Fritz Langs Stummfilm *Metropolis* von 1927.

Der Roboter war also schon da, es fehlte bloß eine griffige Bezeichnung. Als Čapeks Stück ab Oktober 1922 in den USA aufgeführt wurde und allein in New York City gleich auf 184 Vorstellungen kam, fiel das Wort auf fruchtbaren Boden. Vor allem die Autoren der Pulp-Magazine nahmen den Begriff dankbar auf. Die SF-Erzählung *The Threat of the Robot* von David H. Keller, die von einer Ro-

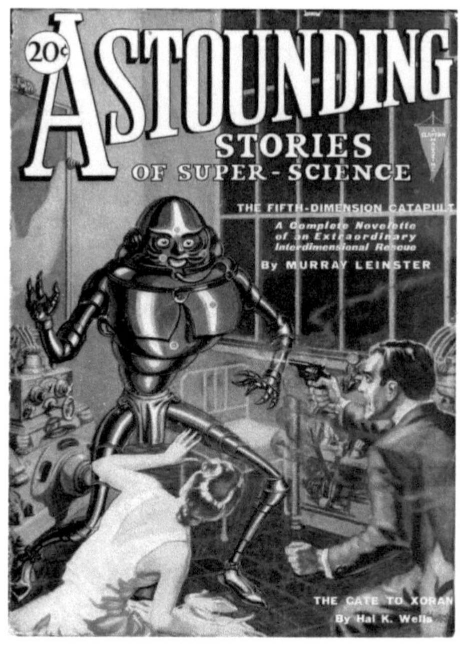

boter-Footballmeisterschaft handelt, ist vermutlich die erste, in der das Wort »robot« im Titel vorkommt. Sie erschien im Juni 1929 in der ersten Ausgabe von SCIENCE WONDER STORIES, dem neuen Magazin von Hugo Gernsback, der darin erstmals den Begriff »science fiction« verwendete. Im Januar 1931 zierten Roboter das erste Mal Titelbilder von Pulp-Magazinen. ASTOUNDING STORIES FOR SUPER-SCIENCE machte mit *The Fifth-Dimension Catapult* von Murray Leinster auf. Das Cover, gezeichnet von Hans Waldemar Wessolowski genannt Wesso, zeigt einen Mann, der mit einer Waffe auf einen schlanken, menschenähnlichen Roboter zielt. Bei WONDER STORIES sitzt ein Mann, dessen Kopf und Brust unverkennbar mechanisch sind, auf einem Stuhl. Die dazu gehörende Story von Anthony Pelcher heißt *The Soulness Entity*. Als im Januar 1935 Eando Binders Story *I, Robot* in AMAZING erschien, schaffte es das Wort erstmals auf eine Pulp-Titelseite.

1935 erschien in der Reihe TOM SHARK. DER KÖNIG DER DETEKTIVE im Freya-Verlag Heidenau als Heft 367 der Roman *Die Rache des Roboters* von Pitt Strong[1]; das dürfte die

---

[1] Pseudonym von Elisabeth von Aspern, eine der wenigen SF-Autorinnen.

 152

erste Verwendung des Wortes »Roboter« in einem deutschsprachigen Roman gewesen sein. Ein Jahr später folgte *Ferro der Robot* von Karl Dolezel im Katholischen Preßverlag St. Pölten in Österreich. Den Reigen der Roboterromane der Nachkriegszeit eröffnete Hermann Wodak 1947 mit *Roboter, die Mensch-Maschine* im Götz Schwippert Verlag, Bonn.

Isaac Asimovs formulierte 1942 in der Kurzgeschichte *Runaround*[2] die berühmten drei Robotergesetze, die das Verhalten der Roboter den Menschen gegenüber regeln. Der amerikanische Schriftsteller erfand 1948 auch das Wort »robotic« für die Robotertechnik. Etwa zur gleichen Zeit baute William Grey Walter den ersten echten autonomen Roboter, eine dreirädrige »Schildkröte« namens »Elmer«. Er war fähig, selbstständig zur Ladestation zurückzukehren, wenn der Batteriestand zu niedrig wurde. Der erste einsatzfähige Industrieroboter, Unimate, wurde 1956 von George Devol und Joseph Engelberger entwickelt. Endgültig ins kollektive Gedächtnis der populären Kultur aufgenommen wurde der Roboter wohl, als in den 1950er Jahren Filme wie *The Day The Earth Stood Still* (*Der Tag, an dem die Erde stillstand*) oder *Forbidden Planet* (*Alarm im Weltall*), in denen Roboter eine wichtige Rolle spielen, in den Kinos ein Massenpublikum erreichten. In dieser Zeit kamen die Roboter auch als Blechspielzeug in die Kinderzimmer.

In der PERRY RHODAN-Heftromanserie gehören Roboter zur Standardtechnik, es gibt sie in großer Zahl und für jeden erdenklichen Zweck. Kaum ein Roman, in dem nicht ein Kampfroboter den Waffenarm hebt oder ein Reinigungsroboter durch die Raumschiffzentrale wuselt. Perry Rhodan selbst begegnete erstmals Robotern, als er zusammen mit Reginald Bull auf dem Mond den havarierten

---

2 Erschien im März 1942 in ASTOUNDING SCIENCE-FICTION (deutscher Titel: Herumtreiber).

| Der Roboter ist ein beliebtes Spielzeug und Sammelobjekt geworden.

Kugelraumer der Arkoniden betrat: »Thora war blass geworden. Hinter ihr waren plötzlich zwei summende Gebilde aus Metall aufgetaucht. Rhodan kannte nur die irdischen Roboter, eben die elektronischen Rechenautomaten. Dies waren vollendete Maschinen mit menschenähnlichen Formen und genial angeordneten Werkzeug- oder Waffenarmen. Sie waren plötzlich da. Augenlose Kugelköpfe drohten. Dazu hatten sich die Mündungen unbekannter Geräte in vielgelenkigen Halterungen gesenkt.«[3] Allerdings wird durch die Wortwahl nicht nur an dieser Stelle des 1961 geschriebenen Romans deutlich, dass für Verfasser K. H. Scheer »Roboter« auch ein Synonym für »Elektronengehirn« war (der Begriff »Computer« kommt im Roman nicht vor).

Mit Heft 3 der Serie, *Die strahlende Kuppel* von K. H. Scheer, trat der erste Roboter auf einem Titelbild auf: Er hat einen Mann am Schlafittchen gepackt. Die Szene fin-

---

3 Karl-Herbert Scheer: Unternehmen »Stardust«. München 1961, S. 46.

det sich im Roman. Der Mann ist Reginald Bull, der sich »in den stählernen Greifarmen eines Waffenroboters« windet. Ein ähnliches Motiv gibt es als Innenillustration. *Der Robot-Spion*, Heft 61 von Clark Darlton, war 1963 der erste von gerade einmal 15 Romanen mit dem Wort »Robot(er)« im Titel. Wie oft Roboter in den vergangenen fast 60 Jahren auf Titelbildern zu sehen waren, hat vermutlich noch niemand gezählt. Wenig sind es nicht.

Der ersten Begegnung mit Robotern folgten für Perry Rhodan und die Terraner viele weitere, friedliche und weniger friedliche. Immer wieder haben Roboter eine herausragende Rolle im Perryversum gespielt. Langjährige Leser denken da an den Robotregenten von Arkon, den Vario 500 alias Anson Agyris, den TARA-Psi, einen Roboter, der teleportieren kann, die dyoversen Ylanten oder den wiederaufgetauchten Rico, und nicht zu vergessen die positronisch-biologischen Roboter von der Hundertsonnenwelt im intergalaktischen Leerraum – die Posbis.

Der »robot« hat seit seinem ersten Auftreten vor 100 Jahren weltweit Karriere gemacht. Das Wort wurde in viele Sprachen übernommen, oft unverändert wie im Englischen oder mehr oder weniger leicht abgewandelt wie »Roboter« im Deutschen oder »irobhothi« in isiZulu, einer Bantusprache in Südafrika. Die jüngste Inkarnation als »bot«, als selbstständiges Computerprogramm, bestimmt unser Leben inzwischen mehr, als sich das Schriftsteller wie Čapek, Asimov oder Scheer hätten vorstellen können.

Frühstart für das SF-Taschenbuch

Am schönsten für einen Sammler ist es, wenn die Sammlung vollständig ist und er sich einer neuen zuwenden kann. Dieses Ziel ist nicht immer zu erreichen, etwa wenn das Sammelgebiet zu groß oder noch nicht abgeschlossen ist oder weil einem die finanziellen Ressourcen fehlen. Wenn man sich ein kleines Sammelgebiet aussucht, kommt man eher zum Ziel. So wie ich mit meiner jüngsten Sammlung: Taschenbuchausgaben deutschsprachiger Science-Fiction-Romane aus den 1950er Jahren.

Tatsächlich war mir bis vor Kurzem nicht bewusst, dass es so etwas gab. In den 1950er Jahren, hatte ich gelernt, erschienen SF-Romane als Leihbücher oder als Heftromane. Das klassische Taschenbuch im Format von zirka elf mal achtzehn Zentimetern mit Klebebindung, dünnem Einband und kleiner Schrift kam auf diesem Sektor in Westdeutschland erst ab den 1960er Jahren groß raus. 1960 eröffneten *Die Triffids* (*The Day of the Triffids*, 1951) von John Wyndham bei Heyne die SF-Reihe, das erste Goldmann-Weltraumtaschenbuch war 1962 *Der fiebernde Planet* (*The Currents of Space*, 1952) von Isaac Asimov, und mit *Der Traum der Maschine* von Hans Kneifel begann

157

1965 die Reihe der Terra-Taschenbücher des Arthur-Moewig-Verlags.

Davor beschränkten sich Taschenbuch-Ausgaben bei Rowohlt (ab 1950) oder Fischer (ab 1952) auf die gehobene Literatur. Das fand schnell Nachahmer im Unterhaltungssektor, allerdings mit offensichtlich mäßigem Erfolg, denn sie blieben nicht lange am Markt. Keine schaffte den Sprung in die 1960er Jahre.

Es gab vor 1960 in der BRD drei Taschenbuchreihen, in denen SF-Werke erschienen:

- Awa-Taschenbücher aus dem AWA Verlag E. F. Flatau München (1954-1959)
- Berliner Taschenbücher aus dem Litera-Verlag Berlin/Frankfurt am Main (1953-1955)
- Utopische Taschenbücher aus dem Gebr. Weiß Verlag Berlin (1956-1959)

Wie der Reihentitel andeutet, war nur die Reihe der Gebr. Weiß auf phantastische Werke spezialisiert. In den beiden anderen Reihen erschienen hauptsächlich Western und Krimis. Wobei die Zahl der insgesamt erschienenen Titel gering ist. Die Weiß-Reihe brachte es auf zwölf Titel (davon neun Übersetzungen), von den Berliner Taschenbüchern erschienen neun (davon zwei SF-Romane), und Awa brachte es immerhin auf 60 Ausgaben mit fünf SF-Titeln (davon eine Übersetzung). Es handelte sich bei den deutschsprachigen Werken ausschließlich um Nachdrucke von Leihbüchern (in Klammern die Erscheinungsjahre der Erstausgaben).

Awa-Taschenbücher:

- Hans Kneifel: *Uns riefen die Sterne*; 1956 (1956)
- Isaac Asimov: *Der Mann von drüben; 1958 (The Caves of Steel;* 1954)

- Richard Koch: *Weltraumgespenster*; 1957 (1955)
- Hans Kneifel: *Oasis – Tor zu den Sterne*; 1959 (1958)
- Richard Koch: *Macht aus fernen Welten*; 1959 (1956)

Berliner Taschenbücher:

- Alan D. Smith: *Die Botschaft des Panergon*; 1954 (1952)
- K. H. Scheer: Stern A funkt Hilfe; 1959 (1952)

Utopische Taschenbücher:

- Edmond Hamilton: *SOS die Erde erkaltet*; 1956 (*City At Worlds End*; 1951)
- Oscar J. Friend: *Mann vom Mars in besonderer Mission*; 1956 (*The Kid From Mars*; 1949)
- Jean Gaston Vandel: *Alarm aus dem Unsichtbaren*; 1956 (*Bureau de l'invisible*; 1955)
- Jules Verne: *20000 Meilen unter dem Meer*; 1957; (*Vingt mille lieues sous les mers*; 1869)
- David Duncan: *Unternehmen Neptun*; 1957 (*Beyond Eden*; 1955)
- Jules Verne: *Reise um die Erde in 80 Tagen*; 1957 (*Le tour du monde en quatre-vingt jours*; 1873)
- R(udolf). H. Daumann: *Gefahr aus dem Weltall*; 1957 (1938)
- Richard Koch: *Anti Atom D172*; 1957 (1951)
- Alexej Tolstoi: *Aelita. Ein Marsroman*; 1958 (*Аэлита*; 1923)
- John W. Campbell: *Das Ding aus einer anderen Welt*; 1958 (*Who goes there?*; 1938)
- Isaac Asimov: *Ich der Robot*; 1958 (*I, robot*; 1950)
- Alexander Robé: *SOS von der Venus*; 1959 (1956)

Die Ehre, das allererste Taschenbuch mit einem auf Deutsch geschriebenen SF-Roman herausgebracht zu haben und dann noch als Originalausgabe, gebührt einem Verlag in Wien. 1950 erschien bei Waldheim-Eberle in der

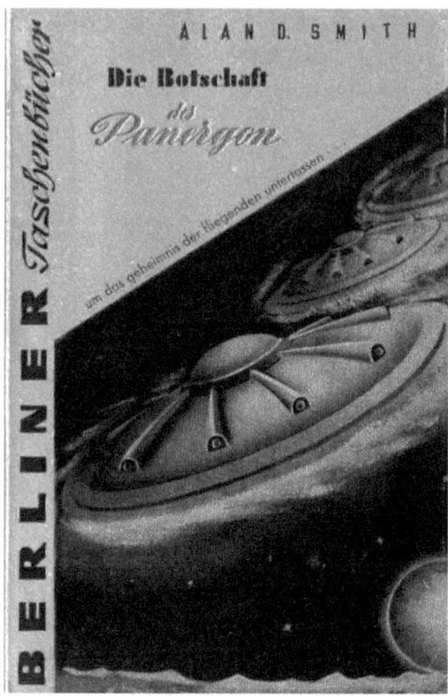 

Zwei Titelbilder der frühen SF-Taschenbücher: „Die Botschaft des Panergon" (Alan D. Smith) und „SOS von der Venus" (Alexander Robé).

Bunten Reihe. Volksbibliothek der Weltliteratur als Band 2 der Roman *Mit Atomkraft ins All* von Alexander Robé (Pseudonym von Friedlinde Cap, eine der wenigen Frauen, die damals SF veröffentlichten). Er ist das einzige phantastische Werk in der Reihe, in der zwölf Romane erschienen sind.

Dank vergleichsweise hoher Auflagen sind diese Taschenbücher heute noch zu annehmbaren Preisen im Buchantiquariat zu finden. Jetzt muss ich eine Frage beantworten: Werde ich die Bücher lesen oder stelle ich sie nur ins Regal, damit sie durch das Blättern keinen Schaden nehmen? Sie sind schließlich schon alt.

 160

Wie wir »zu den Sternen« kamen

Viele SF-Fans verwenden in ihren E-Mails und Briefen die lateinische Grußformel »Ad astra«, auf Deutsch: »Zu den Sternen«. Das geht offenbar auf Karl Heinz Biege, ein frühes Mitglied des Science-Fiction-Clubs Deutschland (SFCD), zurück. Walter Ernsting, Gründer und Vorsitzender des SFCD, schrieb in einer kurzen Notiz in Nummer 4 des Fanzines *ANDROMEDA* von 1956:

»Herr Biege schlug als Gruß der SFCD-Mitglieder unter sich die Worte: AD ASTRA vor. Dieser Vorschlag fand die Zustimmung vieler Freunde, so daß ich getrost darum bitten darf: AD ASTRA, Freunde! Zu den Sternen! Damit ist alles gesagt.«

Damit wurde »ad astra« praktisch zur offiziellen Schlussformel des SFCD und seiner Mitglieder. Woher Karl Heinz Biege, der als Clyde Morris zwischen 1957 und 1962 sechs SF-Leihbücher schrieb, die Anregung hernahm, ist unbekannt; Ernsting geht darauf nicht ein. 1957 übernahm Wolfgang Jeschke den Gruß als Titel für das kurzlebige, sehr vorstandskritische Mitteilungsblatt für die SFCD-Landes- und Städtegruppen, die sich inzwischen gebildet hatten.

Redewendungen mit »ad astra« waren und sind weit verbreitet. Sie gehen entweder auf den römischen Dichter Vergil – »sic itur ad astra« (»So reist man zu den Sternen«) aus dem *Aeneas*-Epos – oder auf Seneca – »non est ad astra mollis e terris via« (»Es gibt keinen leichten Weg von der Erde zu den Sternen«), meist zu »per aspera ad astra« (»durch das Raue zu den Sternen«) verändert und verkürzt – zurück. Gemeint war damit, dass es nicht leicht war, zu Ruhm und Ehre zu kommen. In der Antike wurden Helden schon mal als Sternbilder am Himmel verewigt, so wie Herkules, um den es in Senecas Tragödie *Hercules furens* geht. Die einzelnen Verwendungen meist in abgeleiteter Form als Motto hier aufzulisten, würde zu weit führen. Adelsgeschlechter, staatliche Einrichtungen und Firmen haben es gewählt.

Offenbar war es naheliegend, »Ad Astra« und (fiktive) Raumfahrt zu verbinden. Schon 1898 wurde in Mailand ein Zukunftsroman mit dem Titel *Ad Astra. Fantasia dell'avvenire* (deutsch: Zu den Sternen. Fantasie der Zukunft) herausgegeben. Er war von Antonio de' Bersa (1827-1905), Chefredakteur der in Triest erschienenen Zeitung L'Osservatore Triestino, verfasst worden und erstmals 1884 mit dem Titel *Giustina Cartoni: Fantasia dell'avvenire* in Triest erschienen. In dem Roman geht es um den Versuch der vereinten Menschheit, den Mond zu erreichen. 2017 gab es eine Neuauflage[1].

Der Traum, wirklich zu den Sternen zu reisen, gewann erst in den 1920er Jahren allmählich Gestalt, als in Deutschland und den USA die ersten Versuche mit weltraumtauglichen Raketen unternommen wurden. Das war auch die Zeit, als sich Science-Fiction als Genre entwickelte und sich in den USA das Fandom bildete. So ist es wohl kein Wunder, dass die 1934 gegründete Los Angeles Science Fantasy Society, der älteste bestehende SF-Fanclub,

---

1 Verlag Zona 42, ISBN 978-8898950133

»De profundis ad astra« lautete das Motto der Los Angeles Science Fantasy Society.

das Motto »De profundis ad astra« (»Aus der Tiefe zu den Sternen«) verwendet, das auf dem Wappen des Clubs durch ein Mikroskop und ein Raumschiff symbolisiert wird. Ob der erste Teil des Mottos einen Bezug zu Psalm 130 aus der Bibel hat, der mit »De profundis clamavi ad te Domine« (»Aus der Tiefe rufe ich zu dir, Herr«) beginnt, muss offen bleiben und spielt in unserem Zusammenhang keine Rolle. Eher schon der Umstand, dass Forrest J. Ackerman, der als Freund Walter Ernstings ein frühes Mitglied des SFCD wurde, eine treibende Kraft in der Los Angeles Science Fantasy Society war.

Die große Leere ab der Jahrtausendwende

Im Jahr 2002 erschien *Ikarus 2002* im Heyne-Verlag München, die letzte große Anthologie mit vorwiegend angloamerikanischen Kurzgeschichten auf dem deutschen Büchermarkt. Alle anderen Verlage hatten schon lange vorher die Finger von Anthologien gelassen. Damit ging eine rund 40 Jahre dauernde Publikationsgeschichte zu Ende. Bereits zwei Jahre zuvor hatte Heyne die seit 1963 laufende Reihe THE BEST STORIES FROM THE MAGAZINE OF FANTASY & SCIENCE FICTION mit Band 101 und die Reihe ASIMOV'S SCIENCE FICTION (55 Ausgaben seit 1978) eingestellt. Die Originalreihen laufen in den USA bis heute.

Das Ende dieser Tradition war offensichtlich eine Folge des Verkaufs des Verlags an Axel Springer und des Umstands, dass der langjährige Herausgeber Wolfgang Jeschke in Rente ging. Die Jahrtausendwende stellte also einen Einschnitt dar. Gute SF-Kurzprosa aus Übersee in deutscher Übersetzung findet man seitdem nur noch vereinzelt. Für die Langformen gilt das nicht.

Nun kann man sich zwar heute fast alles an internationaler SF via Internet selbst ins Haus holen, aber dazu muss man mindestens einigermaßen gut Englisch können, sich

durch eine Vielzahl regelmäßig erscheinender Print- und Onlinemagazine wühlen und trotz zahlreicher kostenloser Angebote einiges an Dollar auf den Tisch legen, um einen Überblick zu haben. Diese Arbeit hatten uns Herausgeber wie Jeschke abgenommen. Da diesen Aufwand zu betreiben nur eine kleine Gruppe von SF-Lesern in der Lage und bereit ist, hat der große Rest keine Ahnung, was jenseits des eigenen Tellerrandes auf diesem Gebiet los ist. Man sagt nicht ohne Grund, dass die Kurzgeschichten die Experimentierfelder für die SF sind und die Trends der Romanveröffentlichungen, von denen es ein kleiner Teil als Übersetzungen zu uns schaffen, vorwegnehmen.

Ich habe mir angesehen, was an Werken, die mit dem *Hugo* ausgezeichnet wurden, ins Deutsche übersetzt wurde[1]. Der Hugo, der eigentlich Science Fiction Achievement Award heißt, wird seit 1953 auf dem alljährlichen Worldcon verliehen und gilt als wichtigster Preis für SF. Es gibt vier Hauptkategorien: Best Novel, Best Novella, Best Novellette und Best Short Story. Das Ergebnis ist bezeichnend:

Von den Best Novels (das sind Romane mit mehr als 40.000 Wörtern) sind bisher ausnahmslos alle Preisträger in deutscher Übersetzung erschienen (wenn oft auch mit einigen Jahren Verzögerung), zuletzt *Nettle and Bone* (deutsch: *Wie man einen Prinzen tötet*, Eichborn) von T. Kingfisher, der Siegertitel von 2023. Da ist man einigermaßen auf dem Laufenden.

Die Kategorie Best Novella (auf Deutsch könnte man von einem Kurzroman sprechen) ist für Werke zwischen 17.500 und 40.000 Wörtern. Hier wurden bis Ende des 20. Jahrhunderts nur vier Siegertitel nicht ins Deutsche übersetzt. Seit 2000 erschienen zehn von 22 Titeln in deutscher Übersetzung, zuletzt war es der Sieger von 2019, *This Is How You Lose the Time War* von Amal El-

---

1 https://de.wikipedia.org/wiki/Hugo_Award

 166

Mohtar und Max Gladstone (deutsch: *Verlorene der Zeiten.* Piper-Verlag, 2022).

Best Novellette ist die Kategorie mit Werken zwischen 7500 und 17.500 Wörtern (hierfür gibt es keinen deutschen Begriff, man würde schon von Kurzgeschichten sprechen). Bis 1999 wurde nur eine Handvoll Storys nicht übersetzt. Von 2000 bis 2009 waren es vier. Danach wurde nur eine einzige hugoausgezeichnete Novellete ins Deutsche übersetzt: der Gewinner von 2016, *Folding Beijing* von Hao Jingfang (deutsch: *Peking falten*, Elsinor-Verlag).

Es dürfte niemand wundern, dass diese Entwicklung vor den Kurzgeschichten nicht halt gemacht hat. Bis 1999 wurden fast alle Siegertitel der Kategorie Best Short Story auf Deutsch veröffentlicht, häufig in den deutschen Ausgaben der Magazine, in der die Originale erschienen (es fehlen nur sechs Storys) – danach nur eine: *Exhalation* von Ted Chiang, Sieger von 2009, als *Ausatmung* in den Chiang-Storysammlungen *Die Hölle ist die Abwesenheit Gottes* und *Die große Stille* des Golkonda-Verlags.

Bei den Nebula Awards[2], die von den Science Fiction and Fantasy Writers of America verliehen werden und neben den Hugos die wichtigste Auszeichnung für SF sind, sieht es ähnlich aus. Während die als Best Novel ausgezeichneten Werke fast alle auf Deutsch erschienen sind und bei den Novellas in den 2000er Jahren nur einige Lücken auftreten, sind in der Kategorie Best Novelette seit 1996 nur sechs Siegerstorys auf Deutsch erschienen (als letzte der Sieger von 2008, *The Merchant and the Alchemist's Gate* von Ted Chiang; deutsch: *Der Kaufmann am Portal des Alchemisten* in den schon genannten Golkonda-Bänden). Die jüngste auf Deutsch erschienene Sieger-Shortstory ist die von 1996, *Death and the Librarian* von Esther M. Friesner. Sie erschien mit dem Titel *Der Tod und*

---

2 https://de.wikipedia.org/wiki/Nebula_Award

die Bibliothekarin in Asimovs Science Fiction 50 im Heyne-Verlag.

Es ist nicht damit zu rechnen, dass sich an dieser Entwicklung etwas ändern wird.

Erstaunlicherweise ist bei deutschsprachigen Kurzgeschichten, die früher eher vernachlässigt wurden, ein gegenläufiger Trend festzustellen. Dank zahlreicher Kleinverlage mit enthusiastischen Verlegerinnen und Verlegern ist das Angebot an deutschsprachigen Kurzgeschichten seit einigen Jahren enorm und kann fast schon als unübersichtlich bezeichnet werden. 2023 sind etwa 400 Kurzgeschichten in Anthologien, Sammelwerken, Magazinen und Zeitschriften erschienen. In den Jahren davor sah es nicht viel anders aus.

 168

Ein grammatikalisches Schlamassel

Heißt es der oder die Con? Die Frage, welches das richtige Genus (grammatisches Geschlecht) für die Kurzbezeichnung einer Zusammenkunft der Phantastik-Szene ist, spaltet das Fandom zwar nicht, aber sie wird immer mal wieder mit Leidenschaft, wenn auch ohne Ergebnis diskutiert. Manche halten die Diskussion deshalb für so überflüssig wie einen Kropf. Als gäbe es nichts Wichtigeres. Jüngster Anlass: die von den Organisatoren als Femininum markierte *Metropolcon 2023* in Berlin.

Der Ausdruck »Con« kam mit der englischsprachigen SF nach dem Zweiten Weltkrieg in den deutschen Sprachgebrauch. Die Kurzform von »convention« (hier: Zusammenkunft, Tagung) war dabei bereits so eigenständig, dass sie von Beginn an gar nicht mehr als Abkürzung verstanden, sondern wie ein vollwertiges Wort verwendet wurde. Schon die ersten Treffen deutscher SF-Fans in den 1950er Jahren wurden einfach nur als Cons bezeichnet.

Womöglich ist Walter Ernsting alias Clark Darlton schuld an dem grammatikalischen Schlamassel. Der Gründer des Science-Fiction-Clubs Deutschland (SFCD) und späterer PERRY RHODAN-Autor verwendete den Begriff 1955 in der

169

ɜʀʋᴅ ᴋɪɘɪɴ, aber sie steigt täglich um mindestens einen
Neuzugang.
Und dann, eines Tages, wird der grosse deutsche SF-Con
(Convention=Zusammenkunft) stattfinden. Irgendwo, an einem
Ort, der für alle am besten zu erreichen ist. Dann treffen
wir uns, vielleicht in einem Hotel (bei einem Fan) oder in
einer Jugendherberge - wer soll das schon heute wissen ?
Und dann - das ist es, was ich sagen wollte - wird plötz-
lich jemand auf Sie zukommen, Ihnen überrascht auf die
Schulter klopfen und sagen: "Wie - - - Sie auch !?"
===
Unser Freund Fred Eichmann kam von einem knappen Jahr aus

> Walter Ernsting führte die Begriffe »Con« und »Convention« im Fanzine
> ANDROMEDA ins deutsche SF-Fandom ein.

ersten Ausgabe des Clubmagazins ANDROMEDA – zusam-
men mit dem Ausdruck »convention«, der Langform.
Ernsting schrieb: »... eines Tages, wird der deutsche SF-
Con (Convention=Zusammenkunft) stattfinden.«

Denken wir daran, dass es sich kurz nach dem Krieg um
eine Zeit handelte, als englische Ausdrücke nicht einfach
übernommen, sondern tatsächlich übersetzt wurden.
Ernsting, der selbst übersetzte, wusste sicherlich, dass
man »convention« nicht mit »Konvention« übersetzen
konnte, weil das Wort im Deutschen etwas anderes bedeutet als im Englischen. Die Genfer Konvention ist schließlich
keine Zusammenkunft in Genf gewesen, sondern eine dort
ausgehandelte völkerrechtliche Übereinkunft darüber, wie
Verwundete, Flüchtlinge und Zivilisten in Kriegszeiten zu
behandeln sind.

Das deutsche Wort, das in seiner Bedeutung »convention« am nächsten kommt, ist (der) »Konvent«, die Bezeichnung für eine Versammlung von Mönchen oder
Geistlichen. Deshalb hieß dann auch das erste von Ernsting organisierte Fan-Treffen vom 1. bis 3. September 1956
in Bayrischzell Deutscher Science Fiction Konvent (auch
UrlaubsCon genannt), und 1959 lud der vorübergehend

170

zum Science Fiction Club Europa mutierte SFCD zum 1. Grossen Europakonvent (Eurocon) nach Zürich ein.

Den eigentlich konsequenten Schritt, aus dieser Überlegung heraus Con mit einem K zu schreiben, machten Ernsting und die anderen »Gerfans« der ersten Stunde allerdings nicht. Das wäre wohl zu provinziell gewesen, wo sich doch sonst alle Welt zu Cons traf. Ausnahmen bestätigen die Regel: Es gab 2015 den WetzKon II aus Anlass des 60-jährigen Bestehens des SFCD in Wetzlar mit ausdrücklich Bezug zum ersten deutschen Con überhaupt (wobei nicht klar ist, ob irgendjemand damals tatsächlich Wetzkon schrieb). Ab 1985 trafen sich Fans in Lübeck zum HanseKon (auch wenn die Veranstalter selbst mal HanseCon schrieben). Der MediKon One 2015 in Oldenburg wurde als »61. Jahres-Konvention des SFCD« angekündigt, ohne dass dabei das grammatische Geschlecht deutlich geworden wäre. Das jährliche Treffen der deutschen Phantastik-Szene zur Frankfurter Buchmesse wiederum heißt offiziell Buchmesse Convent, abgekürzt BuCon, beides Maskulinum.

Wer in dieser Tradition steht, was für einen sehr großen Teil des literarischen SF-Fandoms, mich eingeschlossen, gelten dürfte, verwendet »der Con«. Alle einschlägigen SF-Cons waren oder sind »männlich«: der FreuCon, der GarchingCon, der PentaCon, der ColoniaCon, um nur einige zu nennen.

Umgekehrt sind die Cons, die nicht in dieser Tradition stehen, eher »weiblich« wie die FedCon, die ComicCon oder die FeenCon. Es lässt sich nur schwer ermitteln, seit wann »die Con« im Umlauf ist. Den ältesten Beleg habe ich in einem Bericht über die 1. Star Wars Convention (später 1. Trewa Con genannt) 1982 in Augsburg gefunden, ursprünglich erschienen 1982 oder 1983 in einem Star-Wars-Clubmagazin. Dabei standen offensichtlich amerikanische Film- und Fernsehreihen (Star Wars, Star Trek) Pate, deren

Zielgruppen sich womöglich der anderen Tradition gar nicht bewusst waren, weil sie kaum Berührungspunkte mit dieser Subkultur hatten.

Nachdem ich eine ganze Reihe von Conberichten aus unterschiedlichen Jahrzehnten gesichtet habe, komme ich zu dem Schluss, dass die Verwendung des Genus – der oder die – eine Sache der persönlichen Vorliebe und unabhängig von der »offiziellen« Bezeichnungen durch die Veranstalter ist. Es gibt Leute, die »einen« Con besuchen, aber über »die« Con schreiben und umgekehrt. Warum sollte man daran auch etwas ändern? Schließlich geht es nicht um Leben oder Tod, sondern um ein Hobby. Oder?

Bleibt nur noch die Frage zu beantworten: Warum heißt es eigentlich nicht »das Con«?

Mit Arthur C. Clarke
auf dem Holzweg

Vor 60 Jahren formulierte der Schriftsteller Arthur C. Clarke (1917-2008) das sogenannte dritte Clarkesche Gesetz. Es ist neben den Robotergesetzen von Isaac Asimov die am häufigsten zitierte vermeintliche Grundregel der Science-Fiction und lautet:

»Jede hinreichend fortschrittliche Technologie ist von Magie nicht zu unterscheiden.« (im Original: »Any sufficiently advanced technology is indistinguishable from magic.«)

Der Brite ist einer der bedeutendsten SF-Schriftsteller des 20. Jahrhunderts. Auf einer seiner Kurzgeschichten beruht der Filmklassiker *2001: Odyssee im Weltraum*. Clarke war auch ein visionärer Wissenschaftler. Er hat zum Beispiel bereits 1945 die Idee von geostationären Satelliten für die weltweite Kommunikation entwickelt.

Clarke formulierte die drei Gesetze 1962 in dem Essay *Hazards of Prophecy: The Failure of Imagination aus dem Sammelband Profiles Of The Future: An Inquiry into the Limits of the Possible* (London 1962, rev. 1973; pp. 14, 21, 36). Darin vertritt der Schriftsteller die Auffassung, dass es

Prognosen (bzw. dessen Urhebern) meistens an Mut und Phantasie mangele. Mit Science-Fiction direkt hat das nichts zu tun.

Die beiden anderen Gesetze lauten:

1. Wenn ein angesehener, aber älterer Wissenschaftler behauptet, dass etwas möglich ist, hat er mit an Sicherheit grenzender Wahrscheinlichkeit recht. Wenn er behauptet, dass etwas unmöglich ist, hat er höchstwahrscheinlich unrecht.
2. Der einzige Weg, die Grenzen des Möglichen zu finden, ist, ein klein wenig über diese hinaus in das Unmögliche vorzustoßen.

Das dritte Gesetz wird nicht nur häufig in Beiträgen über Science-Fiction zitiert, auch in SF-Romanen, -Kurzgeschichten und -Filmen selbst wird es gerne erwähnt. Ein Beispiel von vielen ist diese Passage aus einem Roman der PERRY RHODAN-Serie:

»Der Extrasinn hatte, wie meistens, eine Antwort darauf. Jede hinreichend fortgeschrittene Technologie ist von Magie nicht mehr zu unterscheiden.«[1]

Gefunden habe ich es aber auch im Zusammenhang mit dem erfolgreichen Test der Falcon-Heavy-Rakete des Raumfahrunternehmens SpaceX im Februar 2018.

Das Zitat gehört also inzwischen zum Redewendungen-Kanon der SF- und weltraumaffinen Community. Die Griffigkeit der Aussage im dritten Gesetz, das Spiel mit dem vermeintlichen Gegensatz Technik/Magie, der prominente Urheber und die sich darauf ergebende Popularität verstellen aber offenbar den kritischen Blick darauf. Ich halte den Satz für Unsinn.

---

[1] Uwe Anton/Christian Montillon: Der Sternenwanderer (Perry Rhodan 2950), Rastatt 2018.

 174

SpaceX feierte den erfolgreichen Abschuss der Falcon-Heavy-Rakete mit dem Clarke-Zitat.

Um eine sinnvolle Aussage zu machen, müssen die Prämissen stimmen. Als Rationalist mit einem auf überprüfbaren Fakten basierenden Standpunkt weiß ich: Es gibt keine Magie, im Unterschied zu fortschrittlicher Technologie. Wenn es keine Magie gibt, taugt sie als Vergleichsobjekt nicht.

Magie ist nur ein Wort, eine Bezeichnung für das Wirken unerklärbarer, scheinbar übernatürlicher Kräfte auf unsere Welt, die durch Götter, Geister oder sonst etwas verursacht werden. Tatsächlich gibt es solche Kräfte nicht, ebenso wenig wie ihre vermeintlichen Verursacher, denn alles, was in unserer Welt wirkt, ist auch von dieser Welt und beruht auf Naturgesetzen. Es gibt nur Wissen beziehungsweise Unwissen über die Naturgesetze und die damit verbundenen Kräfte.

Der Angehörige eines Naturvolks aus dem Amazonasgebiet, das noch nie Kontakt mit moderner Technik hatte, wird ein Smartphone für Magie halten, weil es seinen Wissenstand und sein Vorstellungsvermögen übersteigt, dass ein Smartphone ein ebenso von Menschen erdachtes und erschaffenes Werkzeug ist wie sein Speer mit der Feuersteinspitze. In seiner Welt ist so etwas nur durch Zauberei erklärbar. Das unterscheidet ihn grundsätzlich von unsereins, der zwar auch nicht versteht, wie ein Smartphone funktioniert, das aber keineswegs für Magie hält, sondern weiß, dass es sich um ein hochkompliziertes Produkt irdischer Ingenieurskunst handelt.

Würde unsereinem ein Gerät vorgeführt, mit dem man die Gravitation aufheben kann, würden wir das nicht für Magie halten, auch wenn eine solche Technologie verglichen mit der gegenwärtigen zweifellos sehr fortschrittlich wäre. Wir würden einen Trick dahinter vermuten wie bei den scheinbar schwebenden Fakir-Darstellern, die wir aus den Fußgängerzonen unserer Städte kennen. Denn wir wissen immerhin, dass einerseits Gravitation keine übernatürliche Kraft ist und es andererseits technische Geräte gibt, mit denen man sich natürliche Kräfte zunutze machen kann. Ein Gerät zur Beeinflussung von Gravitation ist vorstellbar. Seit »Raumschiff Enterprise« wissen viele, das hinter der zeitlosen Versetzung von Personen von einem Ort zum anderen nicht Hexerei stecken muss, sondern es ein Transporter genanntes Gerät bewirken könnte. »Beam me up, Scotty« ist fast schon zum geflügelten Wort geworden.

Wir sind, im Unterschied zu den Amazonas-Jägern, durchaus in der Lage, jede »hinreichend fortschrittliche Technik« als das zu erkennen, was sie ist: fortschrittliche Technik. Dazu müssen wir sie nicht verstehen oder auch nur eine Ahnung davon haben, auf welchen physikalischen Prinzipien sie beruht. Wir müssen zur Einordnung einer solchen unbegreiflichen Technologie nicht auf andere Konzepte zurückgreifen. Der Amazonas-Ureinwohner würde sagen: »Das ist Magie.« Wir können ganz einfach sagen: »Das verstehe ich nicht.«

Insofern träfe das Clarkesche Axiom selbst dann nur eingeschränkt zu, wenn es Magie gäbe. Wir wären nämlich

aufgrund unserer Kenntnisse von Naturgesetzen in der Lage, zwischen Magie und fortschrittlicher Technik zu unterscheiden.

Die Idee, dass Technik und Magie in einer Beziehung stehen, hat Clarke nicht als erster entwickelt, sie ist vielmehr schon 400 Jahre alt.

In seinem 1620 in Frankfurt am Main erschienenen Werk *De sensu rerum et magia libri quatuor* schrieb der Gelehrte Tommaso Campanella (1568-1639): »Alles, was die Wissenschaftler in Nachahmung der Natur oder um ihr zu helfen mit Hilfe einer unbekannten Kunst vollbringen, wird Magie genannt. Denn Technologie wird immer als Magie bezeichnet, bevor sie verstanden wird, und nach einer gewissen Zeit entwickelt sie sich zu einer normalen Wissenschaft.«[2]

Das, finde ich, ist eine viel treffendere Aussage als das dritte Clarkesche Gesetz.

---

2 Im Orginal: »Quicquid sapientes faciunt imitando naturam aut ipsam adiuuando per artem non modo plebi ignotam sed communitatio hominum opus magicum dicimus. Quapropter non modo iam dictae scientiae, sed omnes magiae praestant usum.« (S. 282)

Publikationsgeschichte

Ein Star am Pulphimmel – phantastisch! Magazin für Science Fiction, Fantasy & Horror. Nr. 83, Ausgabe 3/2021.

Willy Ley – Originalveröffentlichung.

Ein Pionier der Prä-Astronautik – phantastisch! Magazin für Science Fiction, Fantasy & Horror. Nr. 85, Ausgabe 1/2022.

The Fantastical Traveller – Andromeda Nachrichten, Nr. 266, Ausgabe 2/2019 (Originaltitel: The Fantastical Traveller – ein Denkmal für Ray Bradbury).

Ein Phantast, dieser Schmidt – phantastisch! Magazin für Science Fiction, Fantasy & Horror. Ausgabe 91, 3/2023.

Ein Gründerzeit-Ausflug zum Mond – phantastisch! Magazin für Science Fiction, Fantasy & Horror. Ausgabe 91, 3/2023.

Vom Bodensee direkt zum Mond – phantastisch! Magazin für Science Fiction, Fantasy & Horror. Ausgabe 80, 4/2020.

Auf der schwarzen Liste der Nazis – Paradise 110/111, Fanzine des TCE, Ausgabe Mai 2020; Andromeda Nachrichten, Nr. 280, Ausgabe 2/2023.

Der Schein trügt - SOL – Das Magazin der Perry-Rhodan-Fanzentrale, Nr. 104, Ausgabe 4/2021.

Fragwürdiges Verhältnis zur Gewalt – SOL – Das Magazin der Perry-Rhodan-Fanzentrale, Nr. 88, Ausgabe 4/2017.

Im Schutz von Supronyl – Perry-Rhodan-Report #551 in »Oszyrium« von Michelle Stern (Perry Rhodan, Heft 3136), September 2021.

Das aufgeräumte Sonnensystem – SOL – Das Magazin der Perry-Rhodan-Fanzentrale, Nr. 92, Ausgabe 4/2018.

Ein Wort macht Karriere - SOL – Das Magazin der Perry-Rhodan-Fanzentrale, Nr. 98, Ausgabe 2/2020.

Frühstart für das SF-Taschenbuch - Blog »Gedankensprünge«, https://blog.fiks.de/2021/05/17/fruehstart-fuer-das-sf-taschenbuch/, Mai 2021.

Wie wir »zu den Sternen« kamen – Paradise 110/111, Fanzine des TCE, Ausgaben Oktober/Dezember 2020.

Die große Leere ab der Jahrtausendwende - Blog »Gedankensprünge«, https://blog.fiks.de/2022/10/13/die-grosse-leere-ab-2000/, Oktober 2022 (Originaltitel: »Die große Leere ab 2000«).

Ein grammatisches Schlamassel – Das Conbuch zu den 4. Perry-Rhodan-Tagen 2023, hrsg. von der Perry Rhodan-Fanzentrale (Originaltitel »Willkommen im grammatikalischen Minenfeld«).

Mit Arthur C. Clarke auf dem Holzweg – ColoniaCon 23, September 2018 (Originaltitel: »Magie gibt es nicht«).

Abbildungen

S. 12: Clayton Magazines; Experimenter Publishing Co.; S. 15: Reader's Guild; S. 16: Hearst Corp.; S. 17: Archiv David Saunders, New York; S. 24: anonym, aus: Willy Ley (Hrsg.): Möglichkeit der Weltraumfahrt. Leipzig 1928.; S. 37: Erich Pabel Verlag; S. 46: Verlag Das neue Berlin; S. 57: Rolf Zeigermann; S. 63: Verlag August Scherl; S. 64: Arno-Schmidt-Stiftung; S. 69: Stahlberg-Verlag; S. 71: Haffmanns Verlag; S. 80: The Sun; S. 88: anonym, aus: Otto Willi Gail: Mit Raketenkraft ins Weltenall, Stuttgart 1928.; S. 90: Bergstadtverlag; S. 93: Richard von Grünberg, aus: Otto Willi Gail: Mit Raketenkraft ins Weltenall, Stuttgart 1928.; S. 98: Stellar Publishing Corporation; S. 104: Monopolverlag; S. 105: Universitäts- und Landesbibliothek Münster; S. 107: Monopolverlag; S. 115: anonym, gemeinfrei; S. 116: Verlag Franz Loewen; S. 118: aus: Manfred Langrenus: Reich im Mond, Wien, o. J. (1965); S. 127: Terranischer Club Eden; S. 133: Widukind-Verlag; S. 135: Widukind-Verlag; S. 150: American Novels Publishing Co.; S. 152: Reader's Guild; S. 154: Norbert Fiks; S. 160: Litera-Verlag; Gebr. Weiß Verlag; S. 163: fancyclopedia.org; S. 170: Science-Fiction-Club Deutschland; S. 175: eigener Twitter-Screenshot; S. 182: Klaus Ortgies

orbert Fiks ist ein Kind des Raumfahrzeitalters. Er war drei Monate alt, als *Sputnik I* seinen ersten Pieps aus dem Weltall auf die Erde funkte. Daran kann er sich ebenso wenig erinnern wie an Juri Gagarin, den ersten Raumfahrer. Umso besser hat er Neil Armstrongs ersten Schritt auf dem Mond im Gedächtnis. Die Faszination für die Raumfahrt brachte ihn zur Science-Fiction. Erst durchstöberte er die Gemeindebücherei nach Weltraumabenteuern, später verjubelte er sein schmales Taschengeld für PERRY RHODAN und TERRA ASTRA. 2018 wurde seine Kurzgeschichte *Das letzte Mammut* für den Deutschen Science-Fiction-Preis nominiert.

Norbert Fiks lebt in Ostfriesland und ist im SF-Fandom aktiv.

Zeit für die Schicht
und andere
SF-Kurzgeschichten

Taschenbuch
172 Seiten | € 6,99
Books on Demand 2016
ISBN 978-3739218700
Auch als E-Book erhältlich

Der Fukushima-Zwischenfall

Broschur
40 Seiten | € 3,50
Geschichten der Nacht #72
Terranischer Club Eden 2022